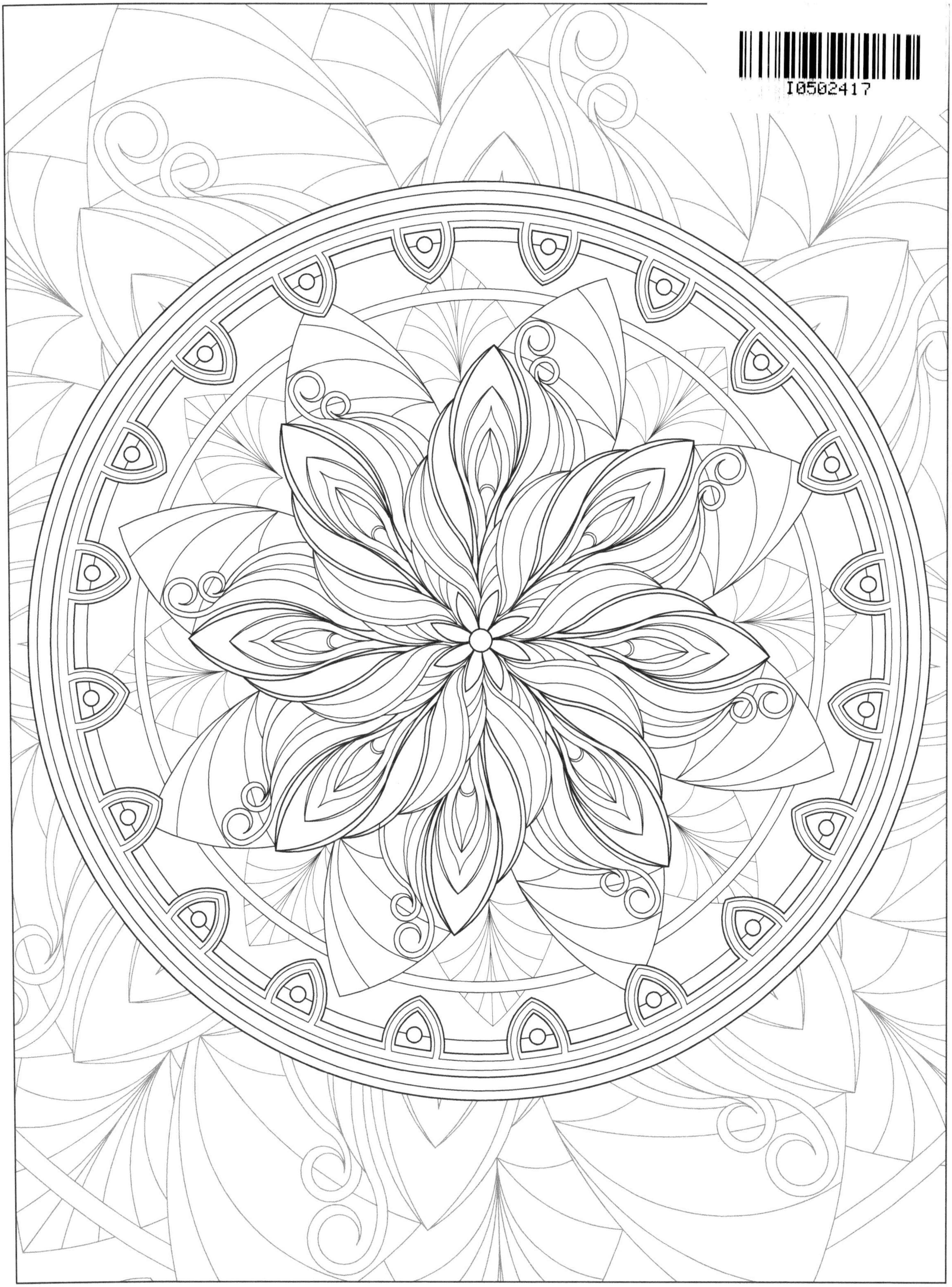

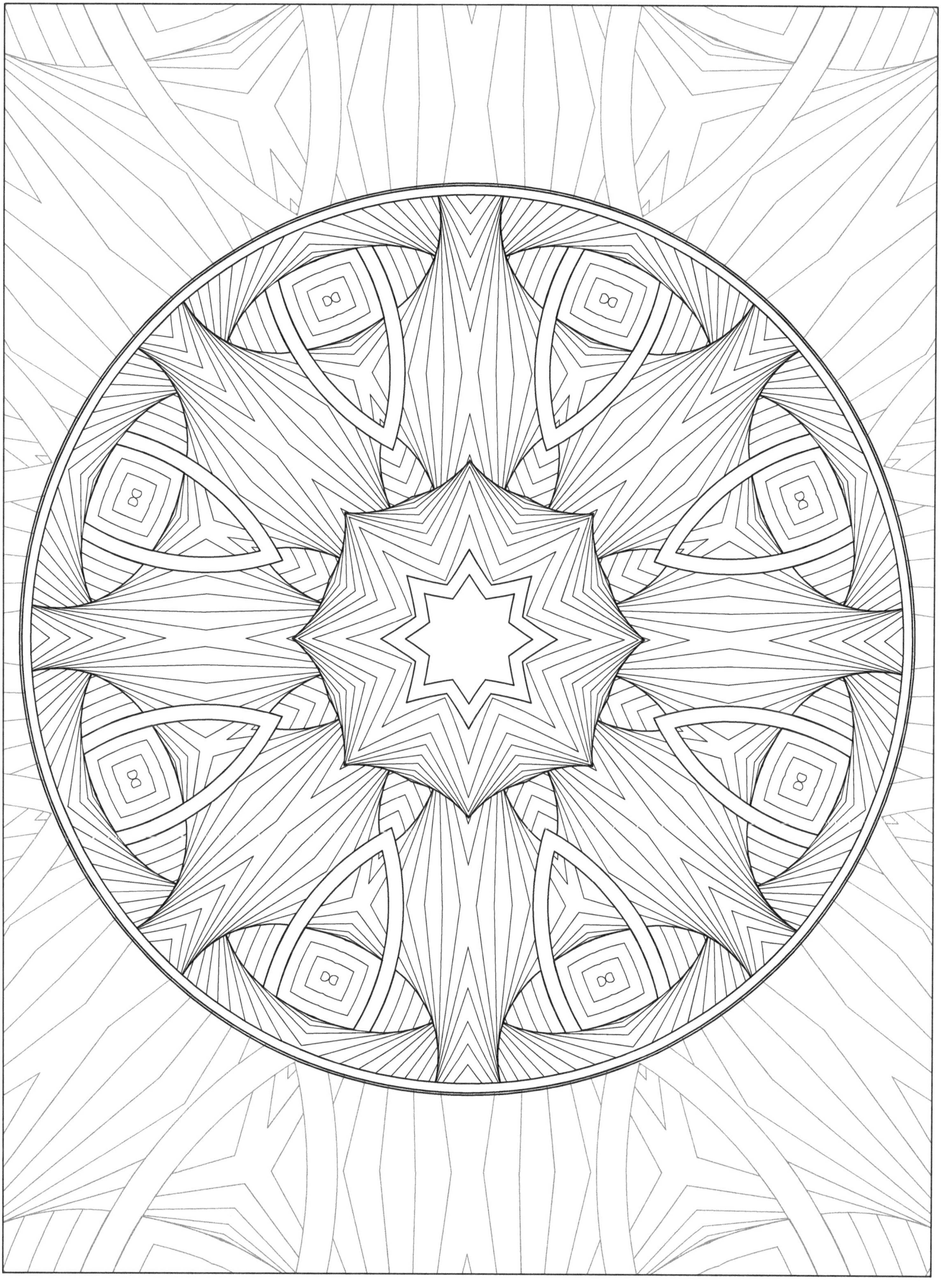

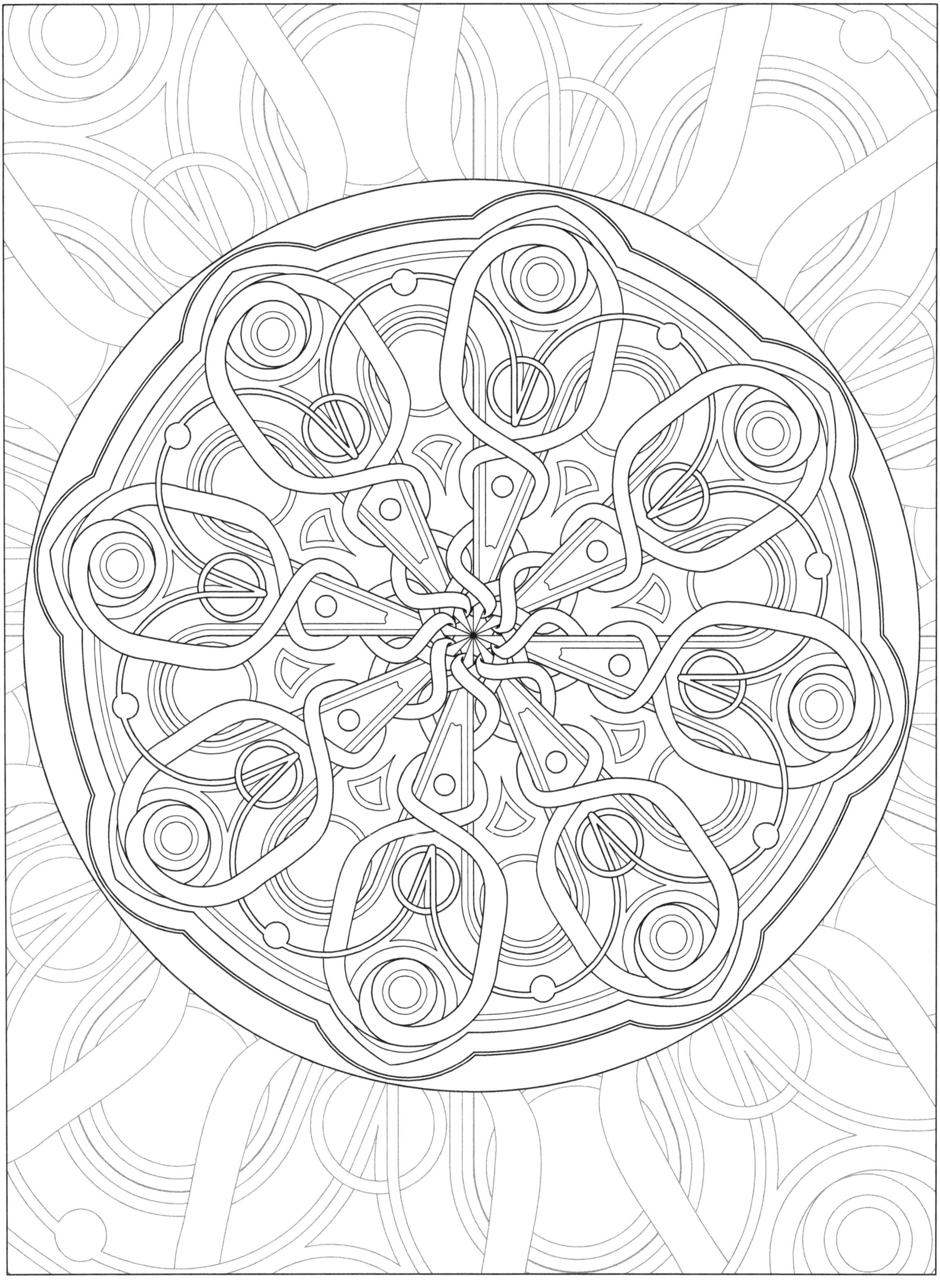

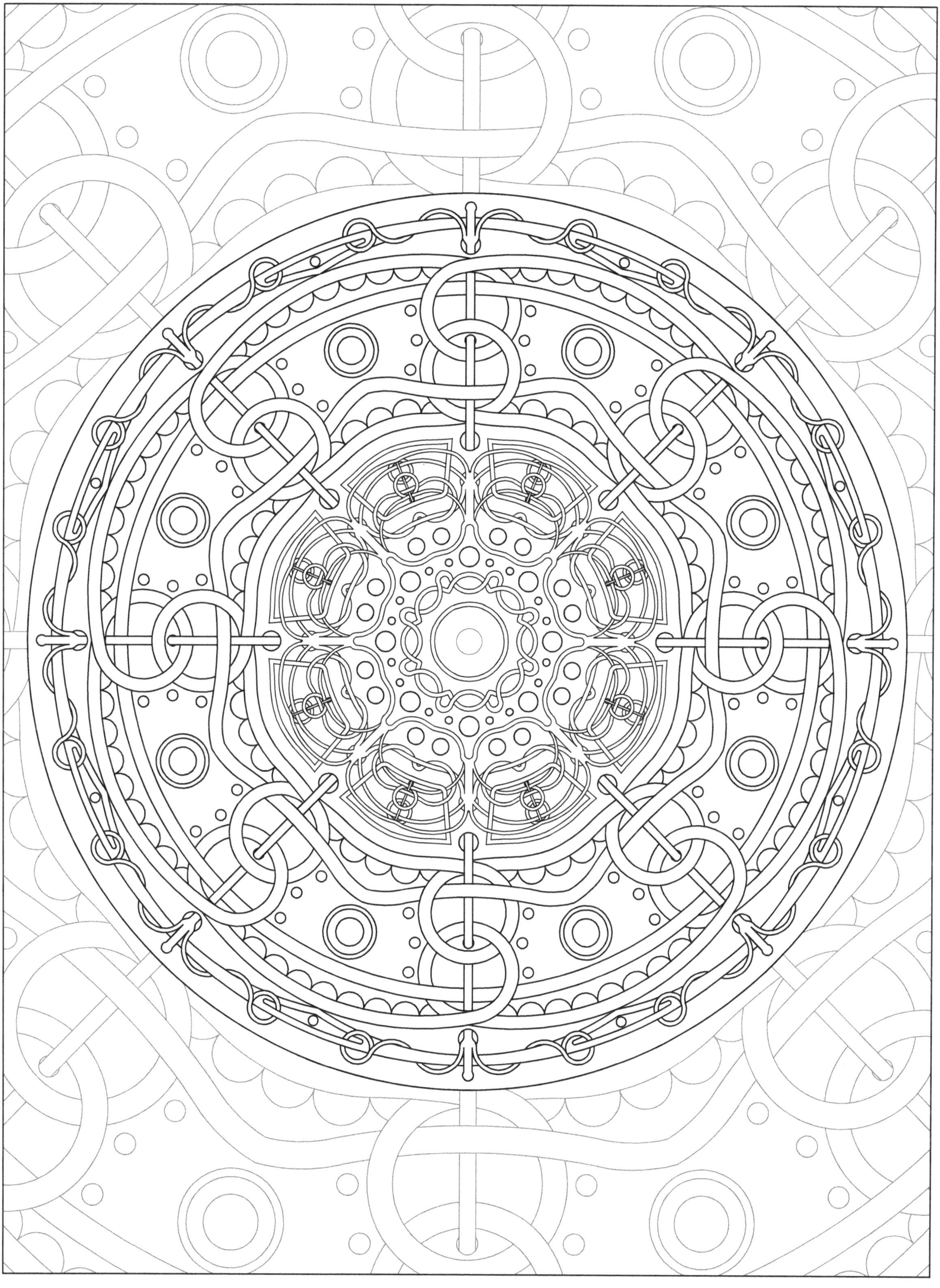

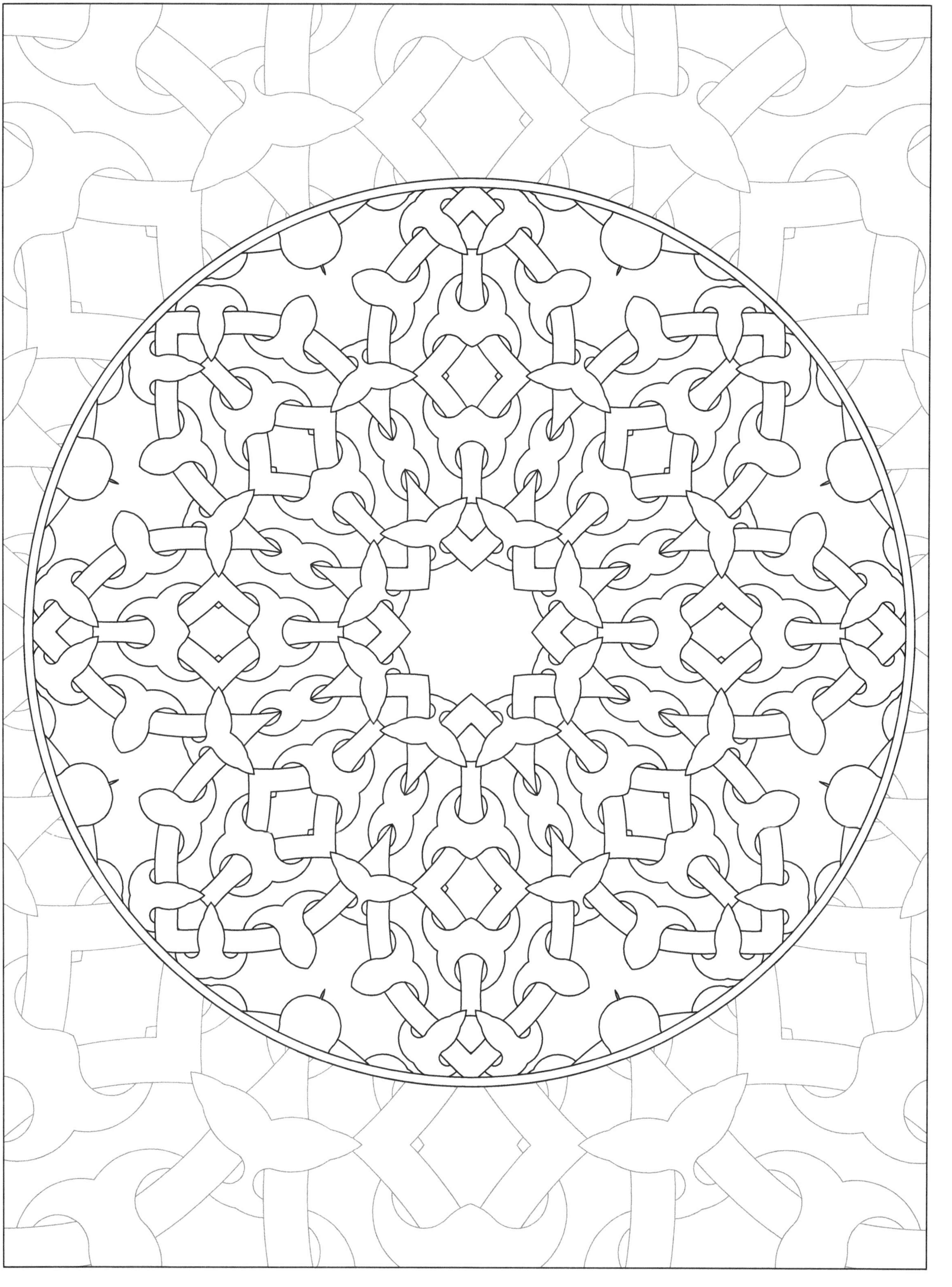

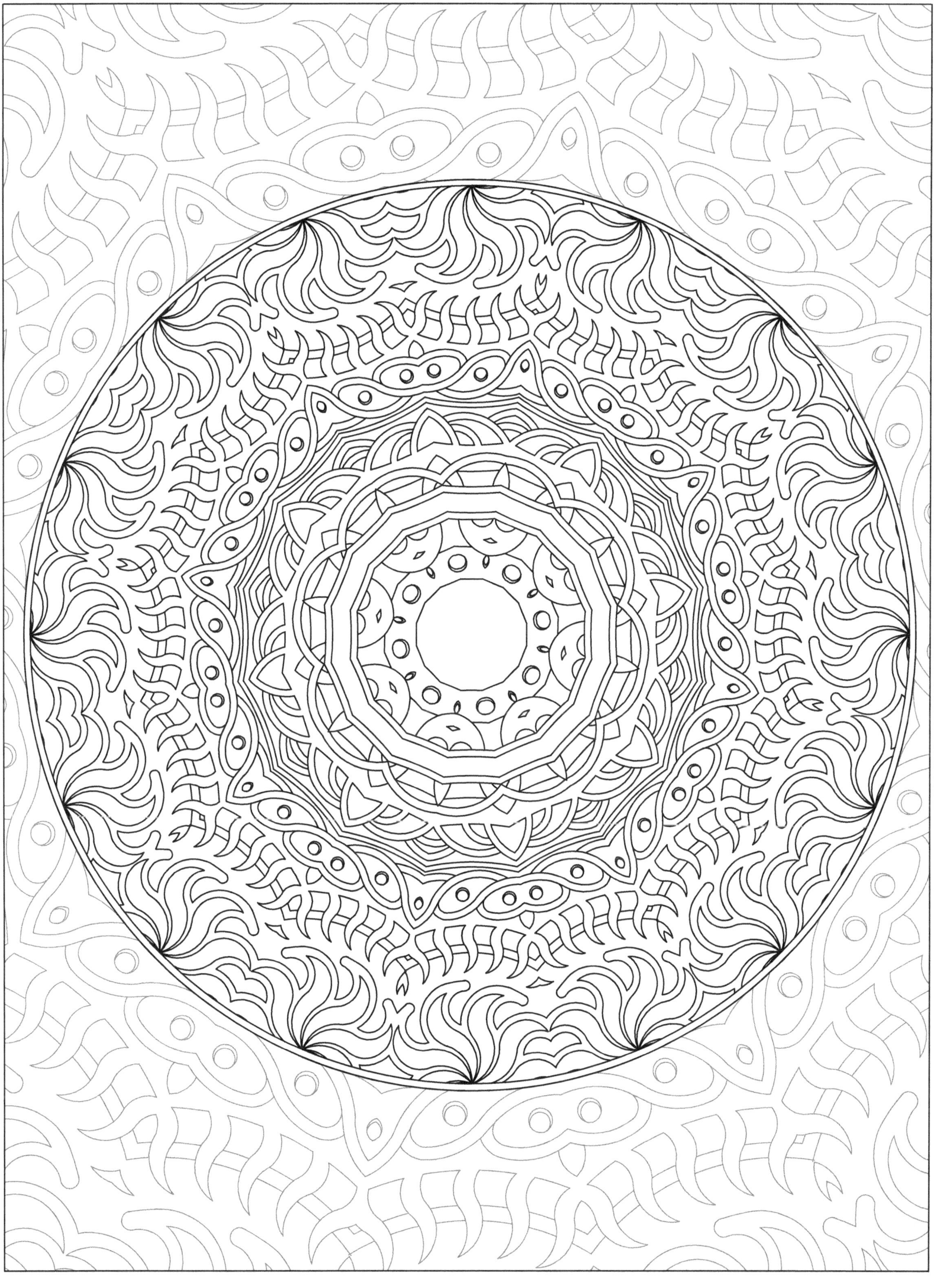

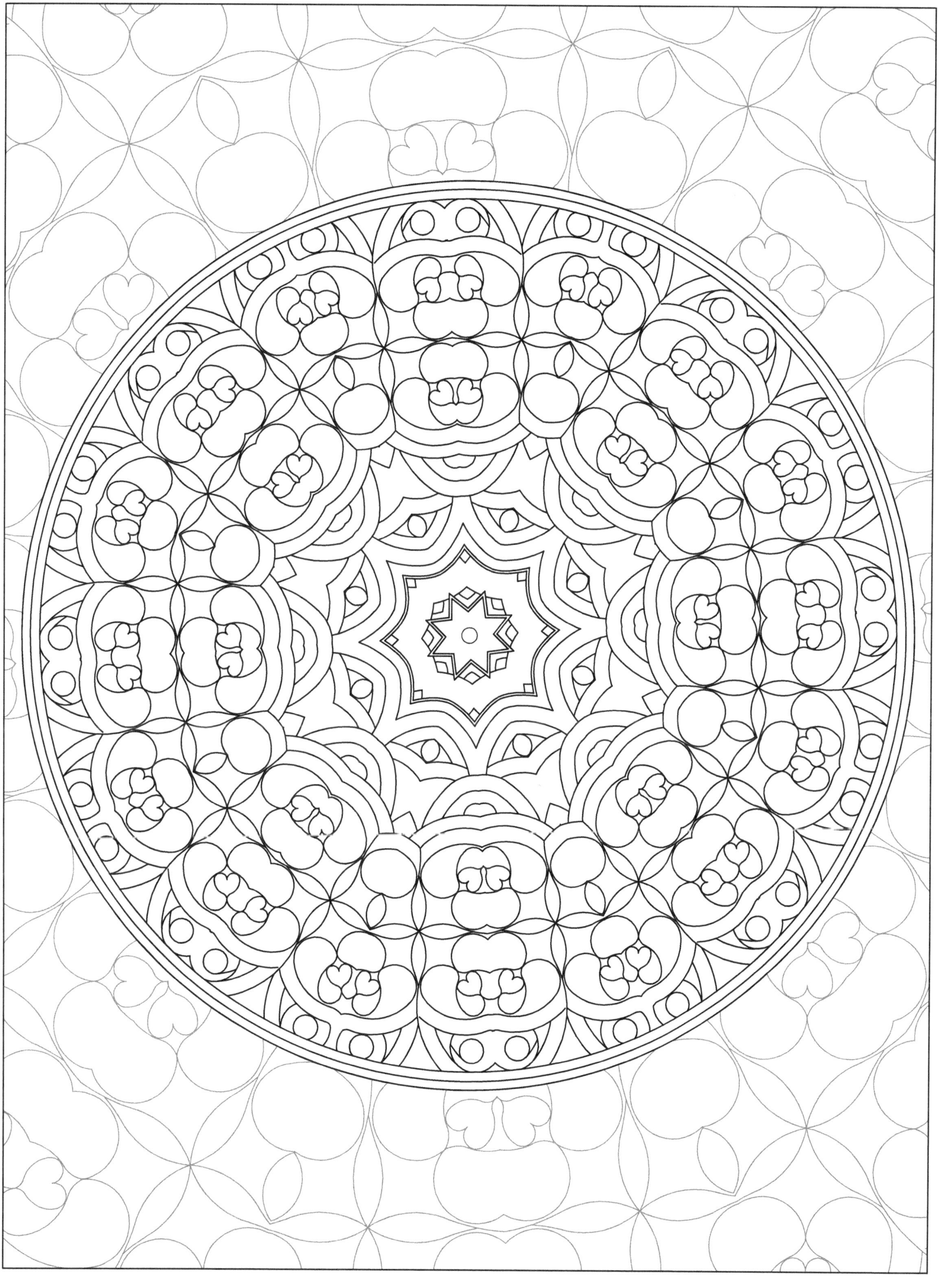

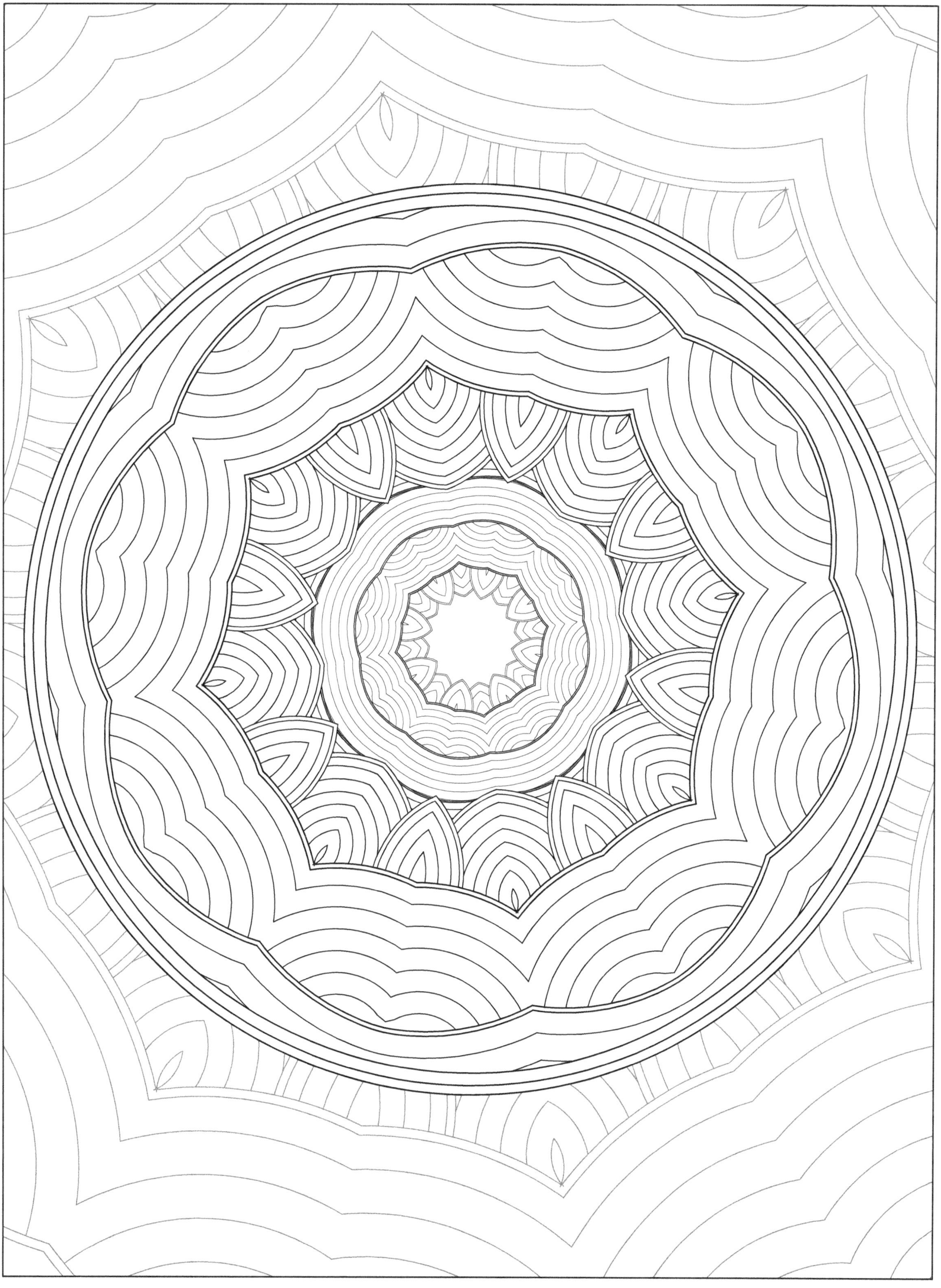

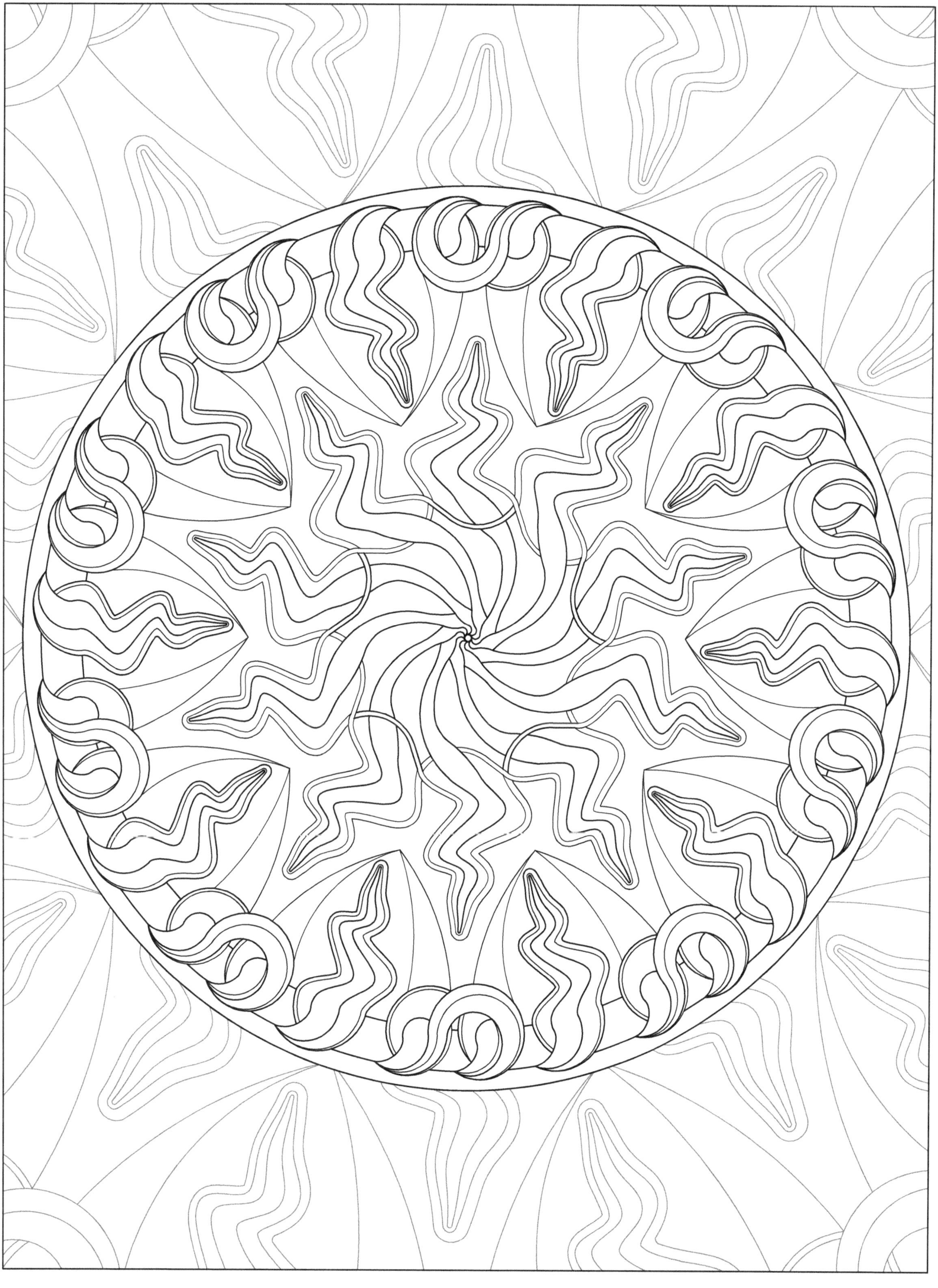

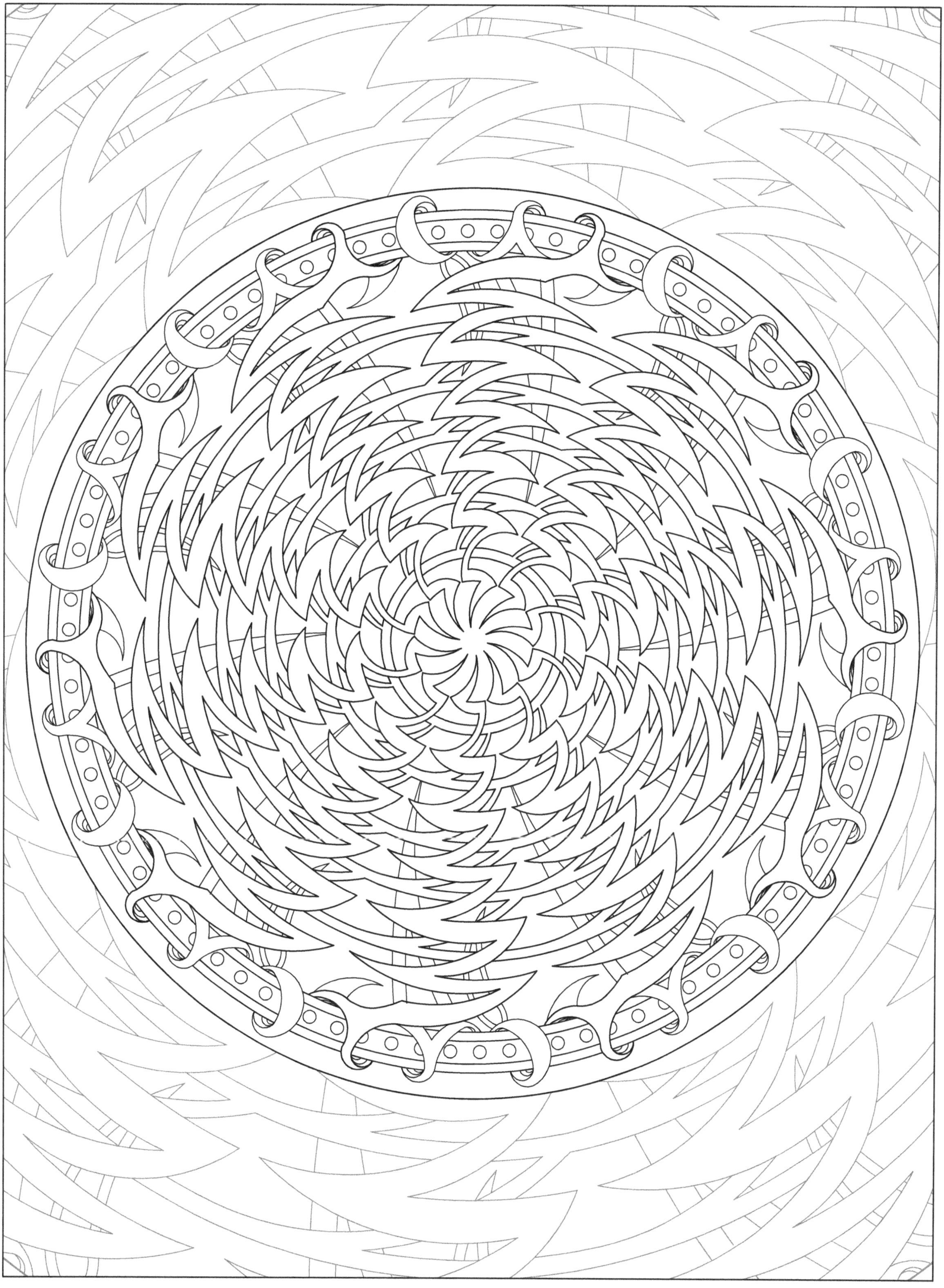

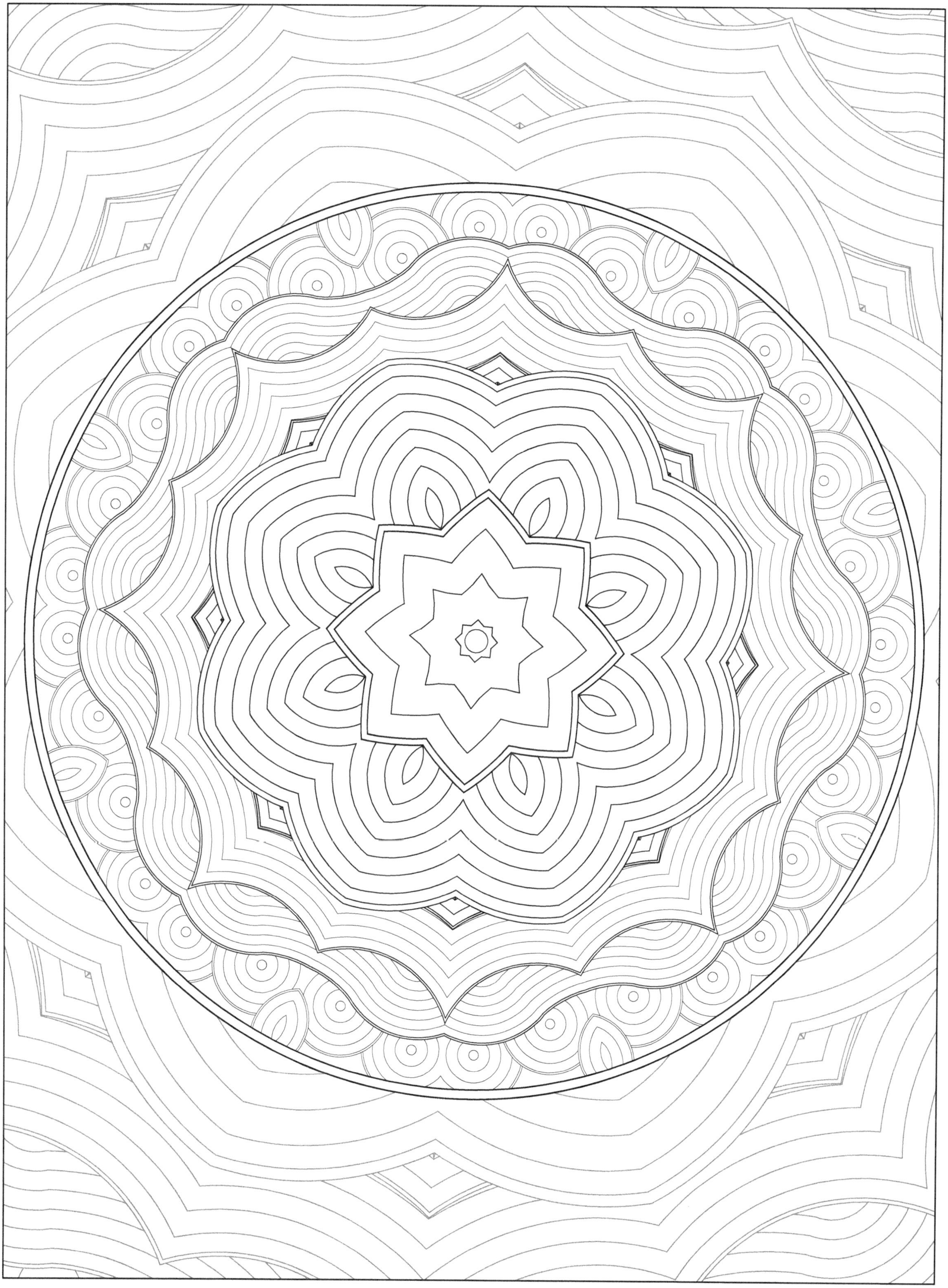

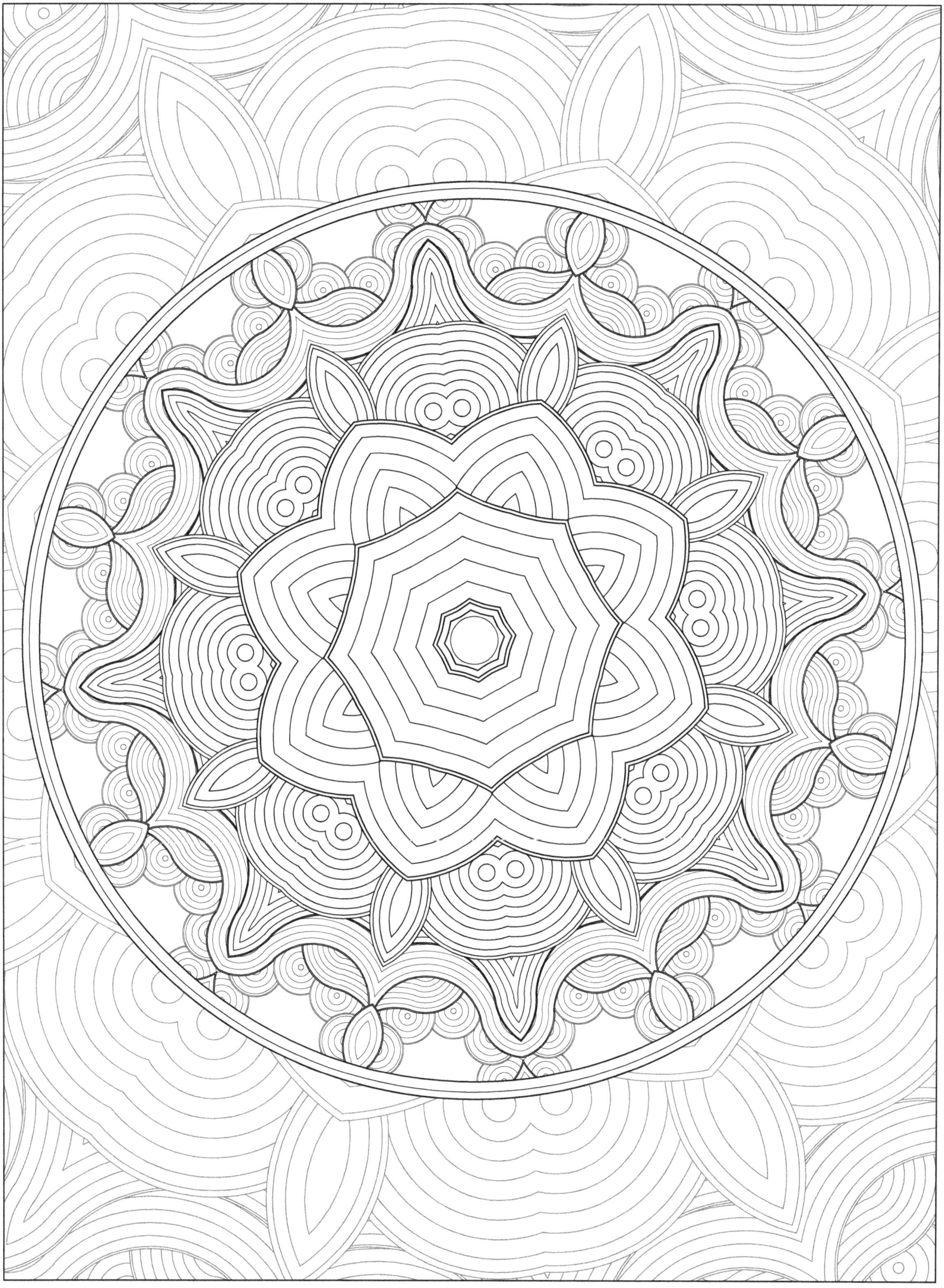

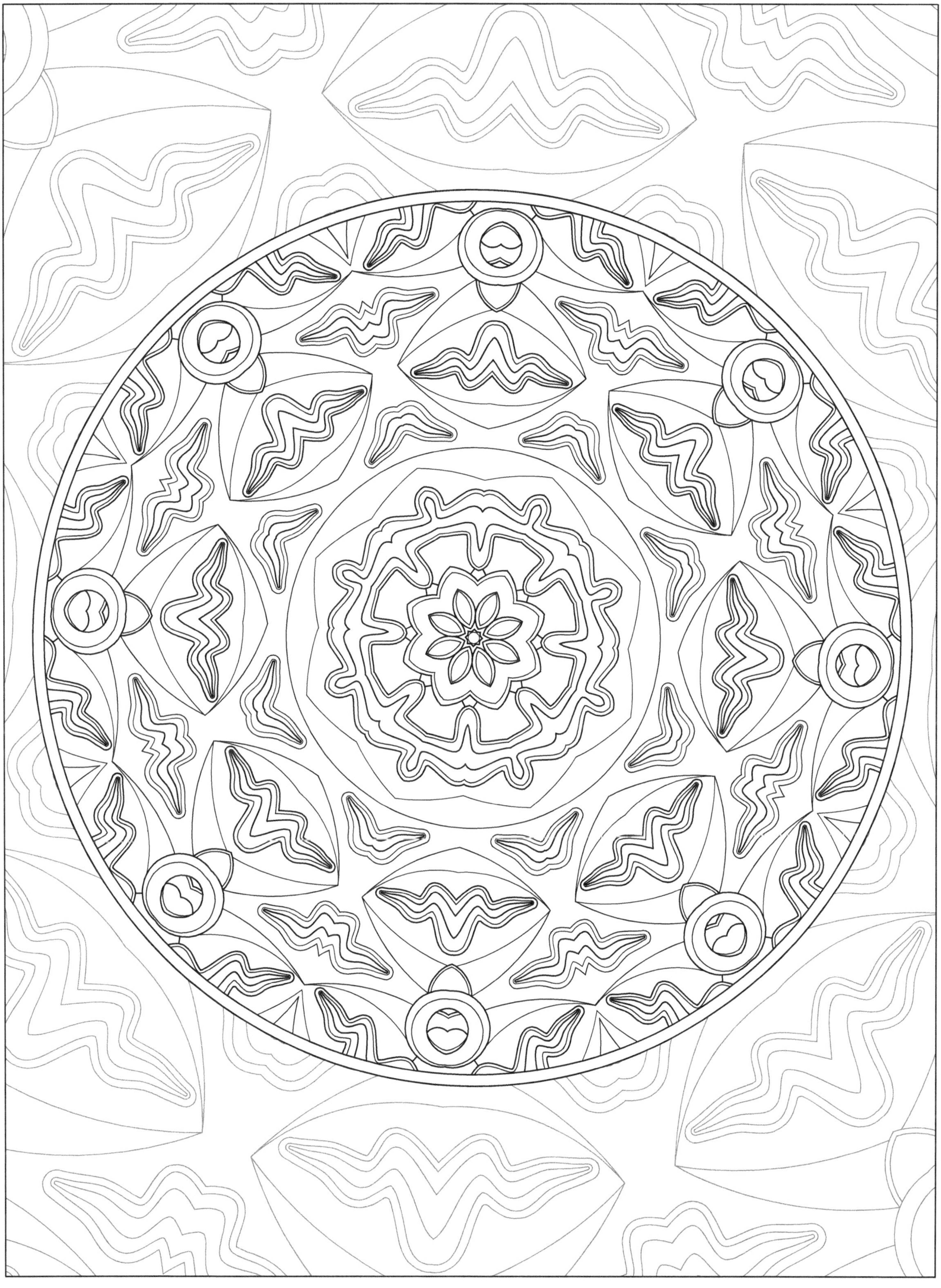

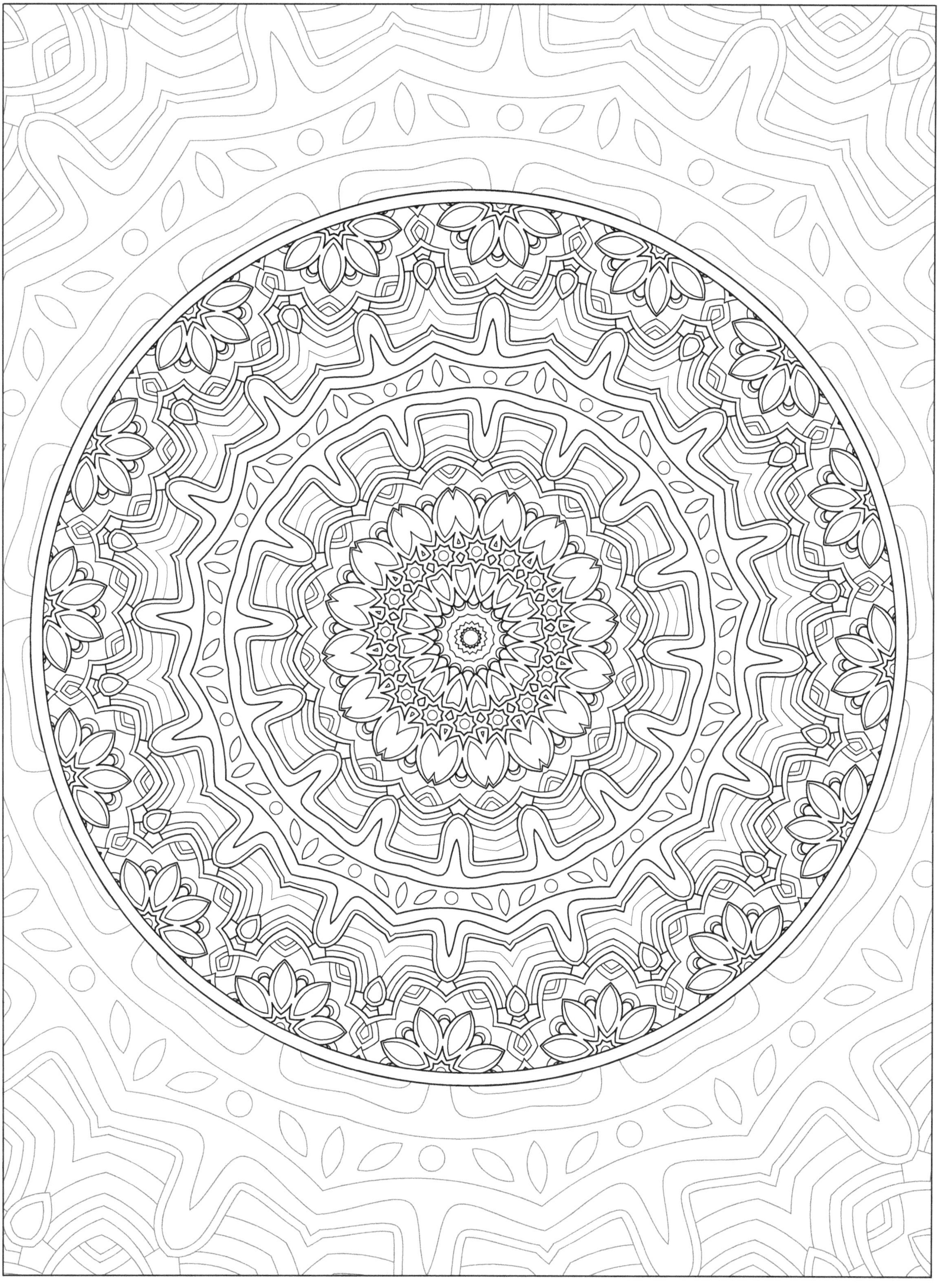

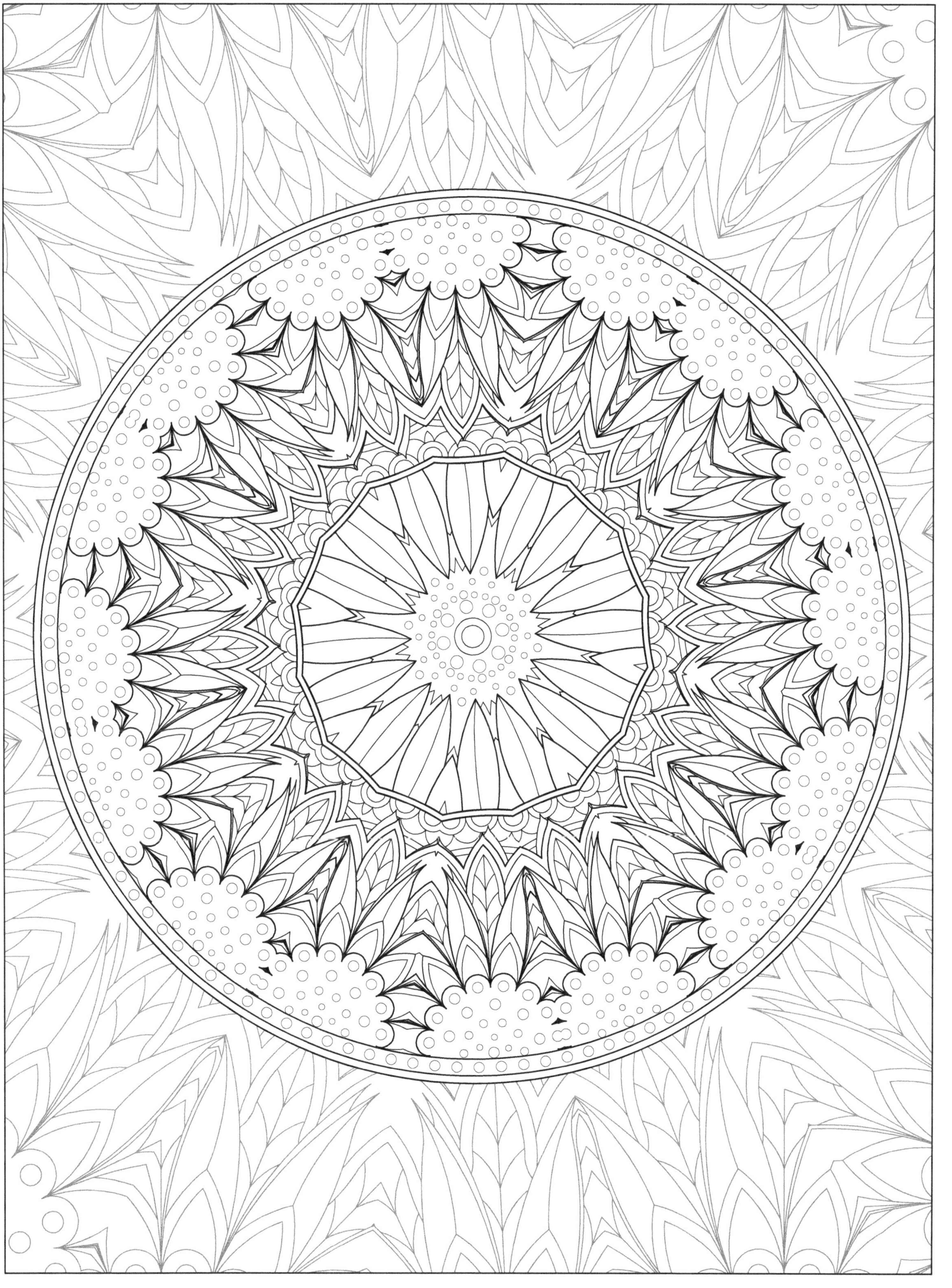

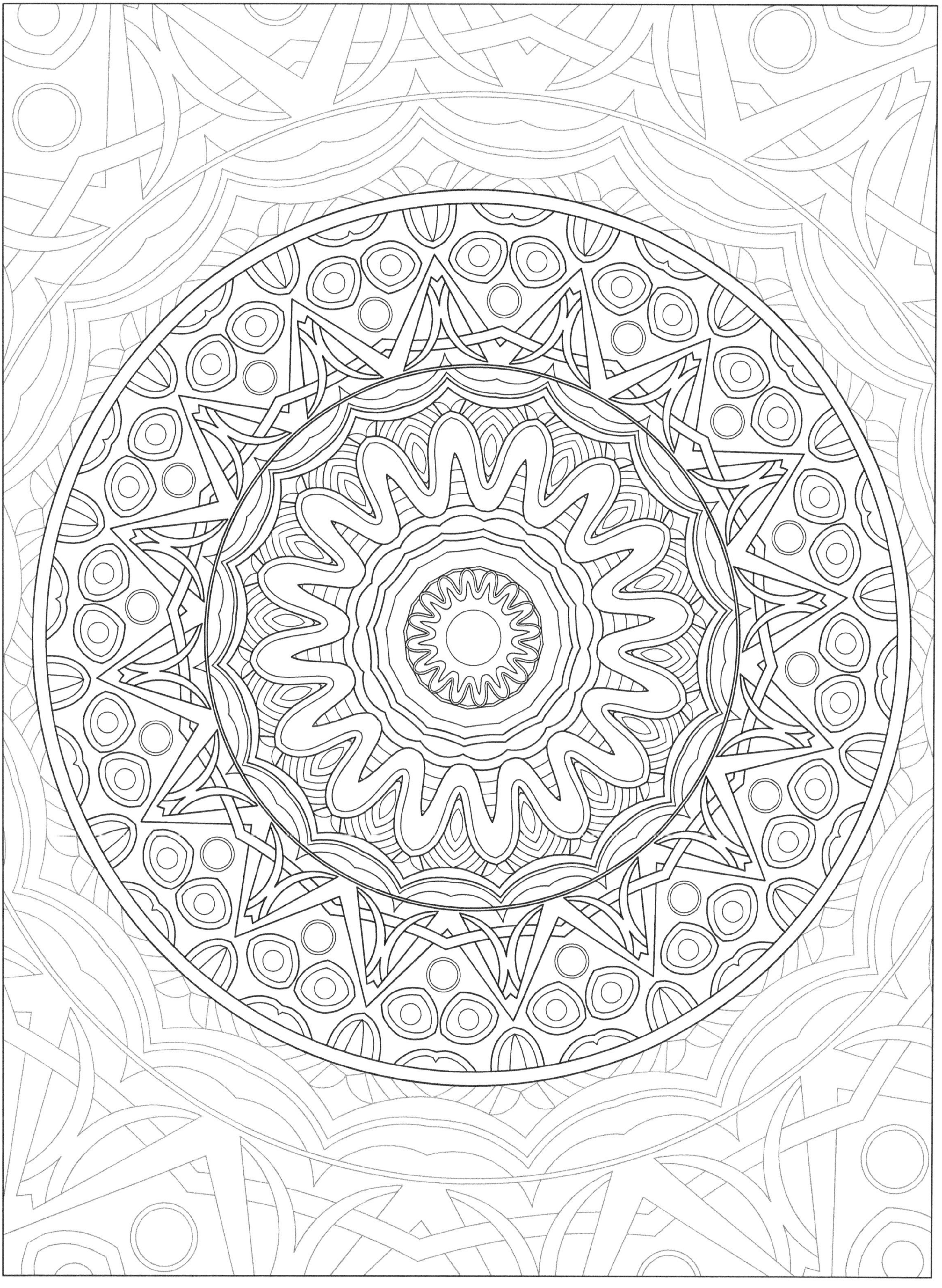

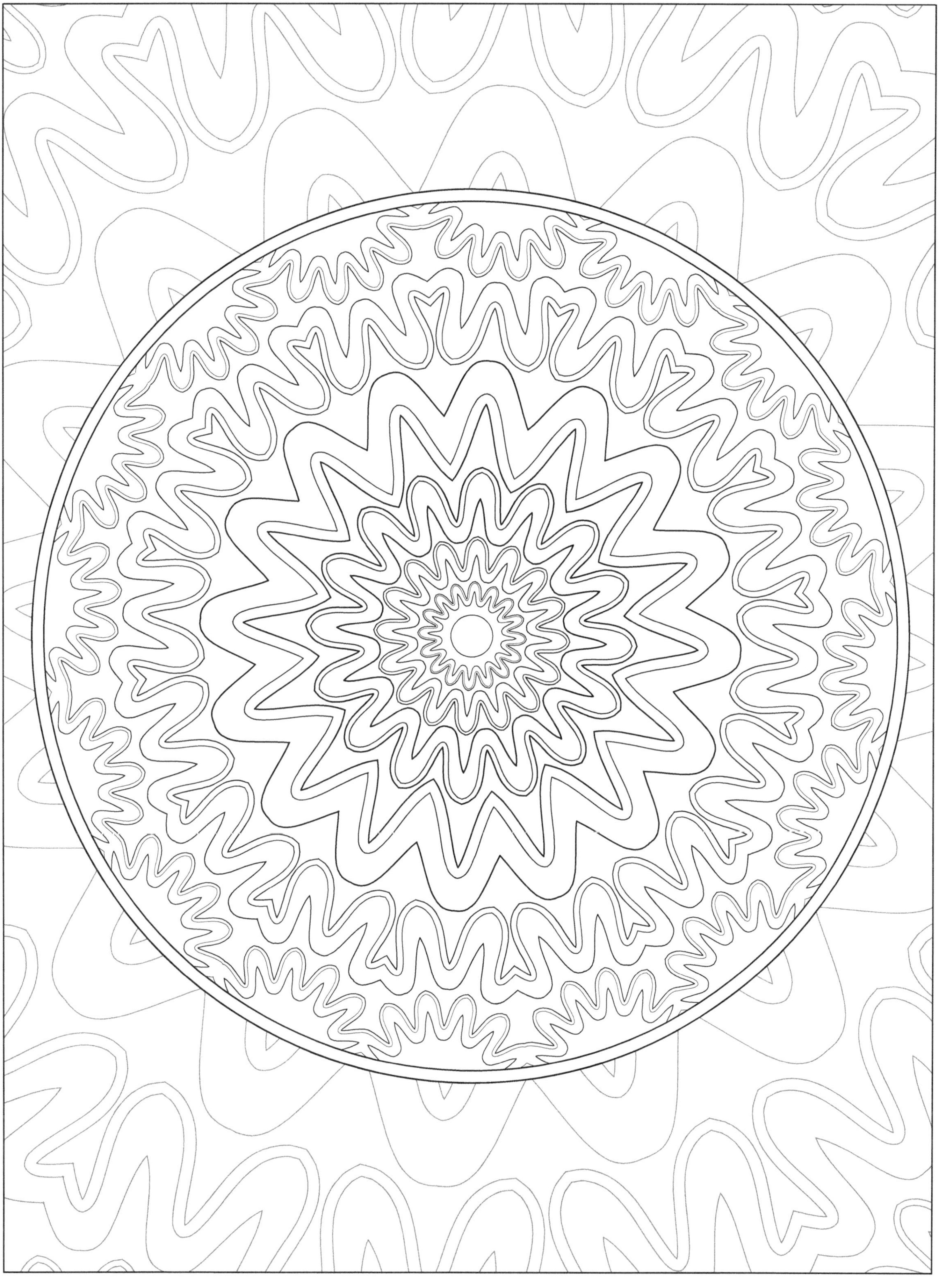

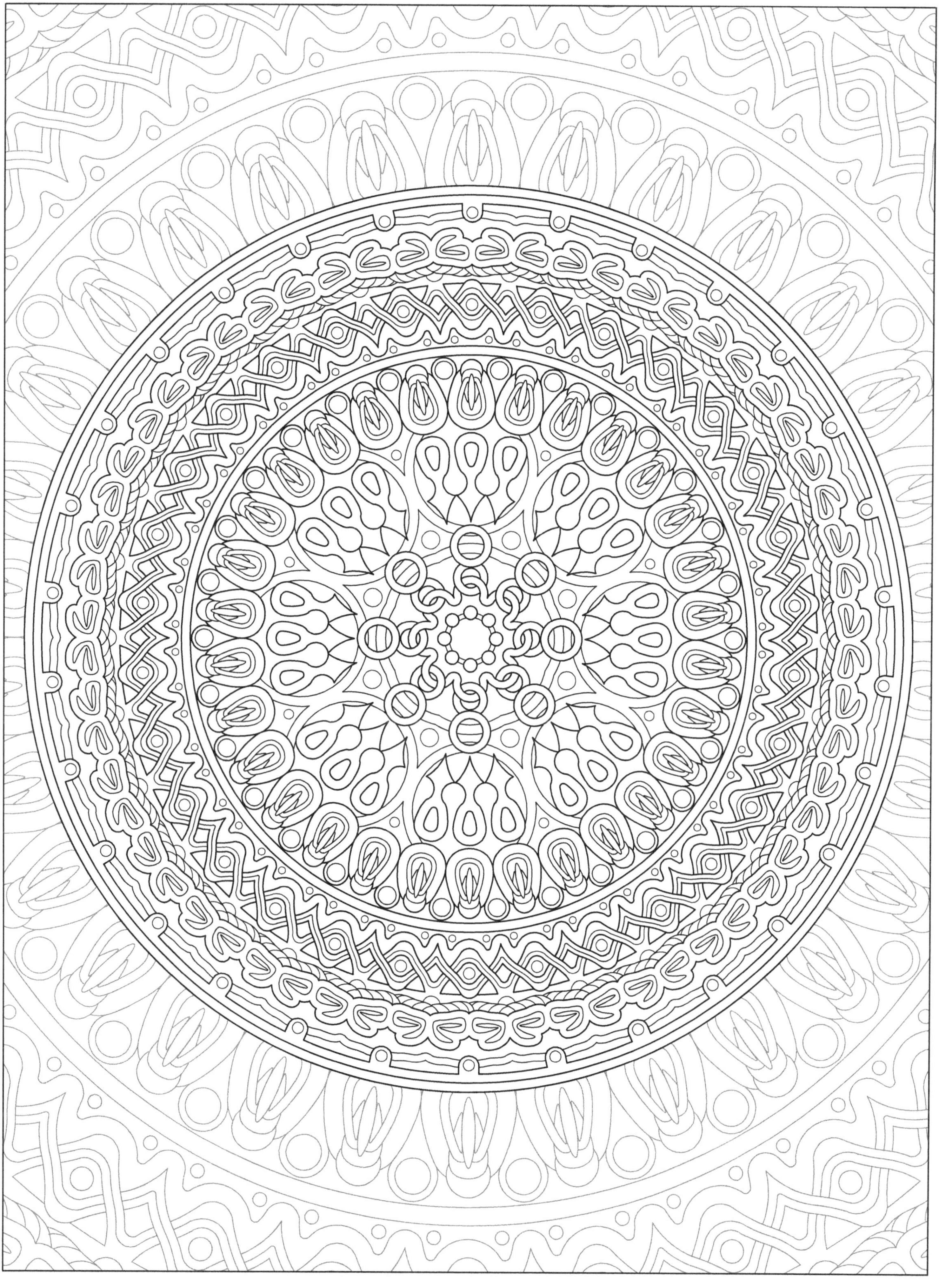

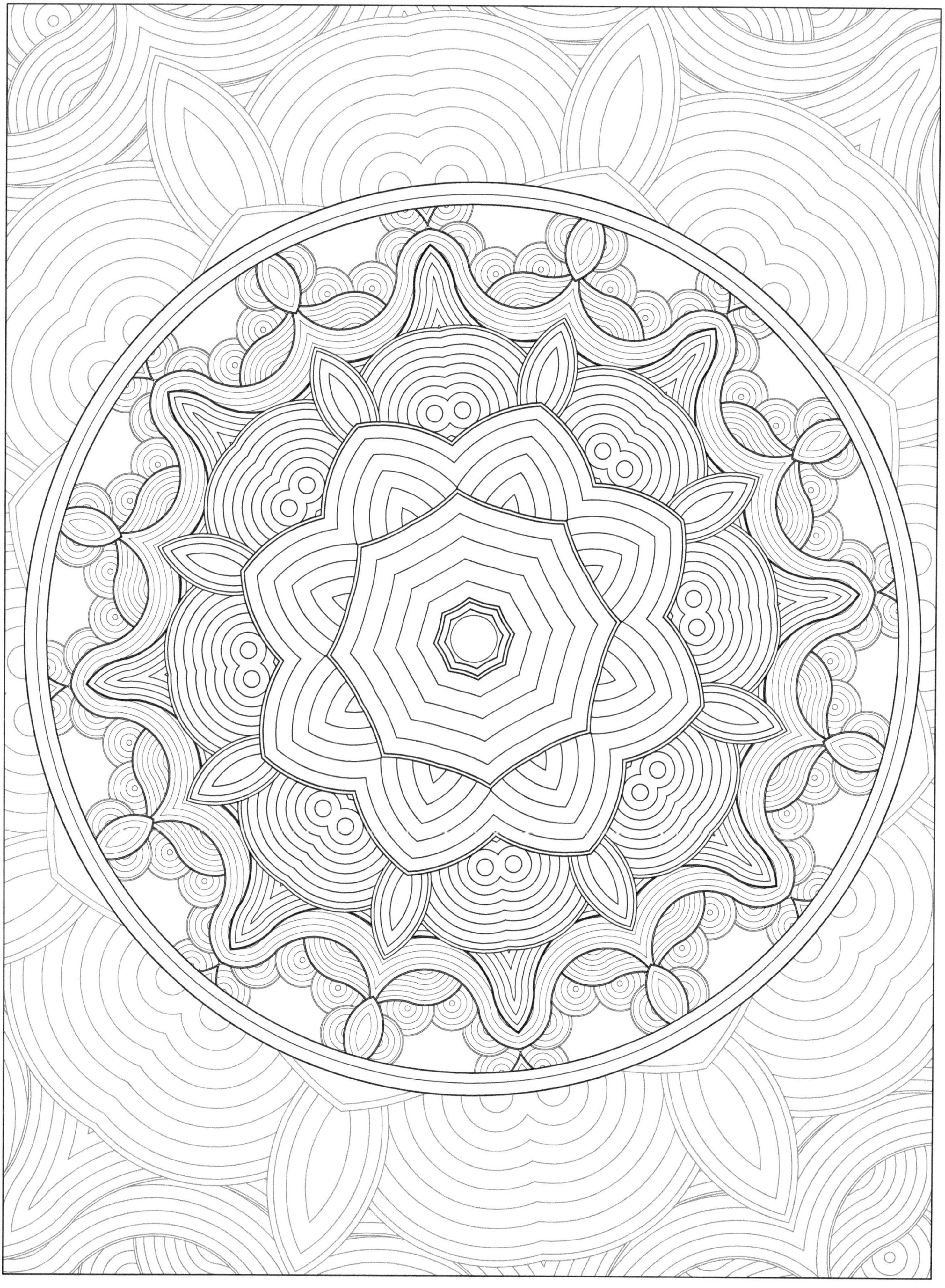

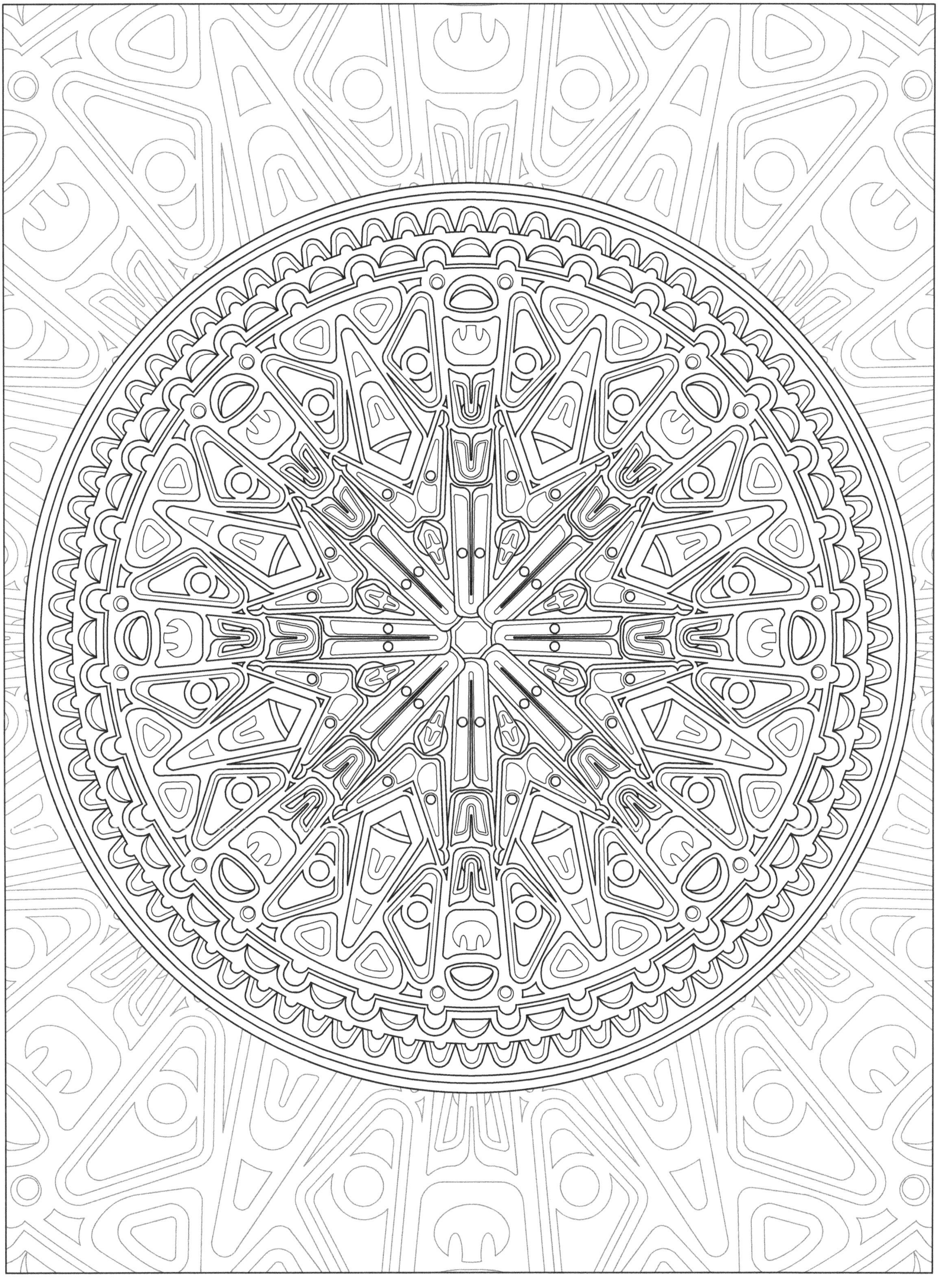

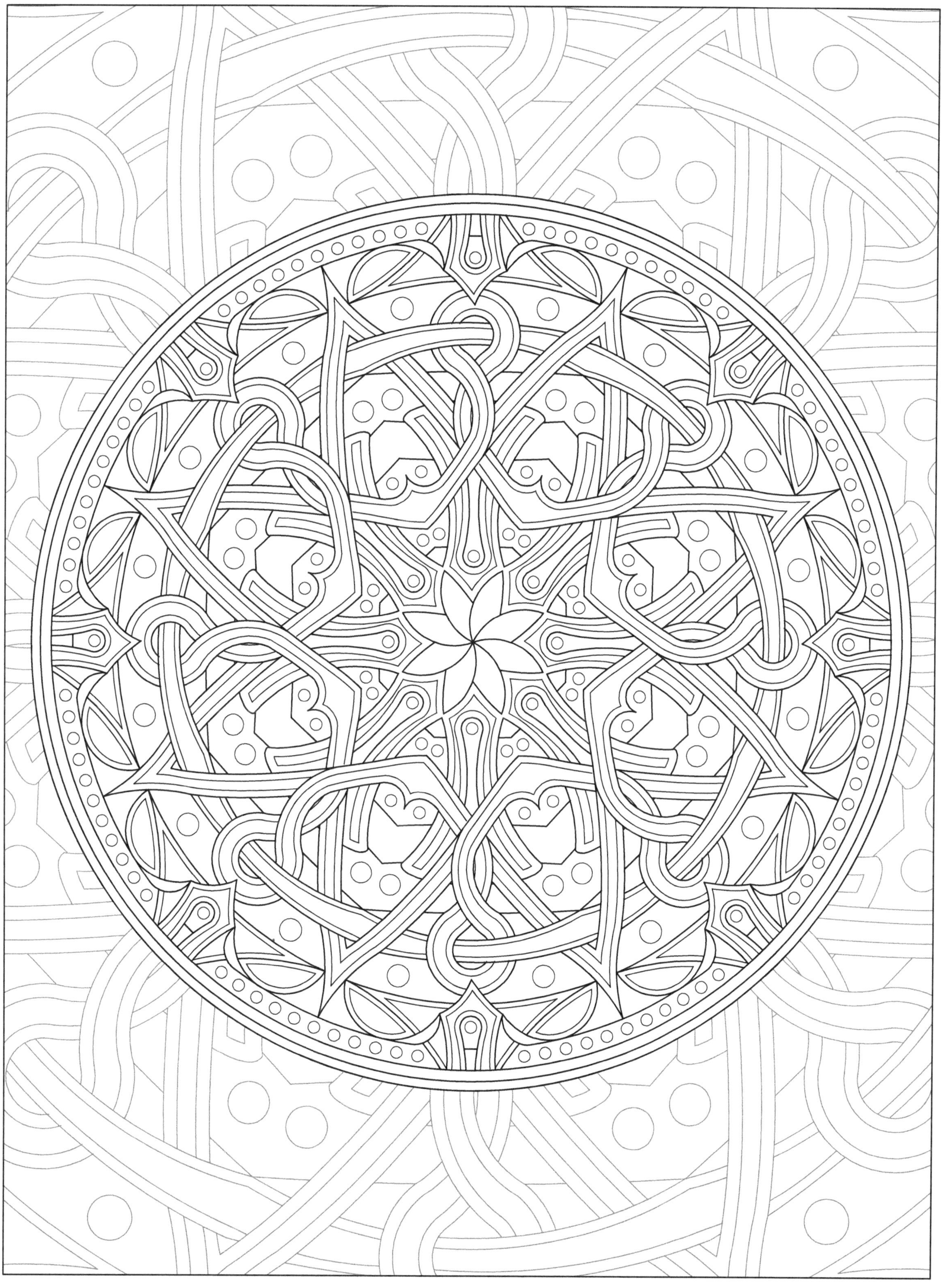

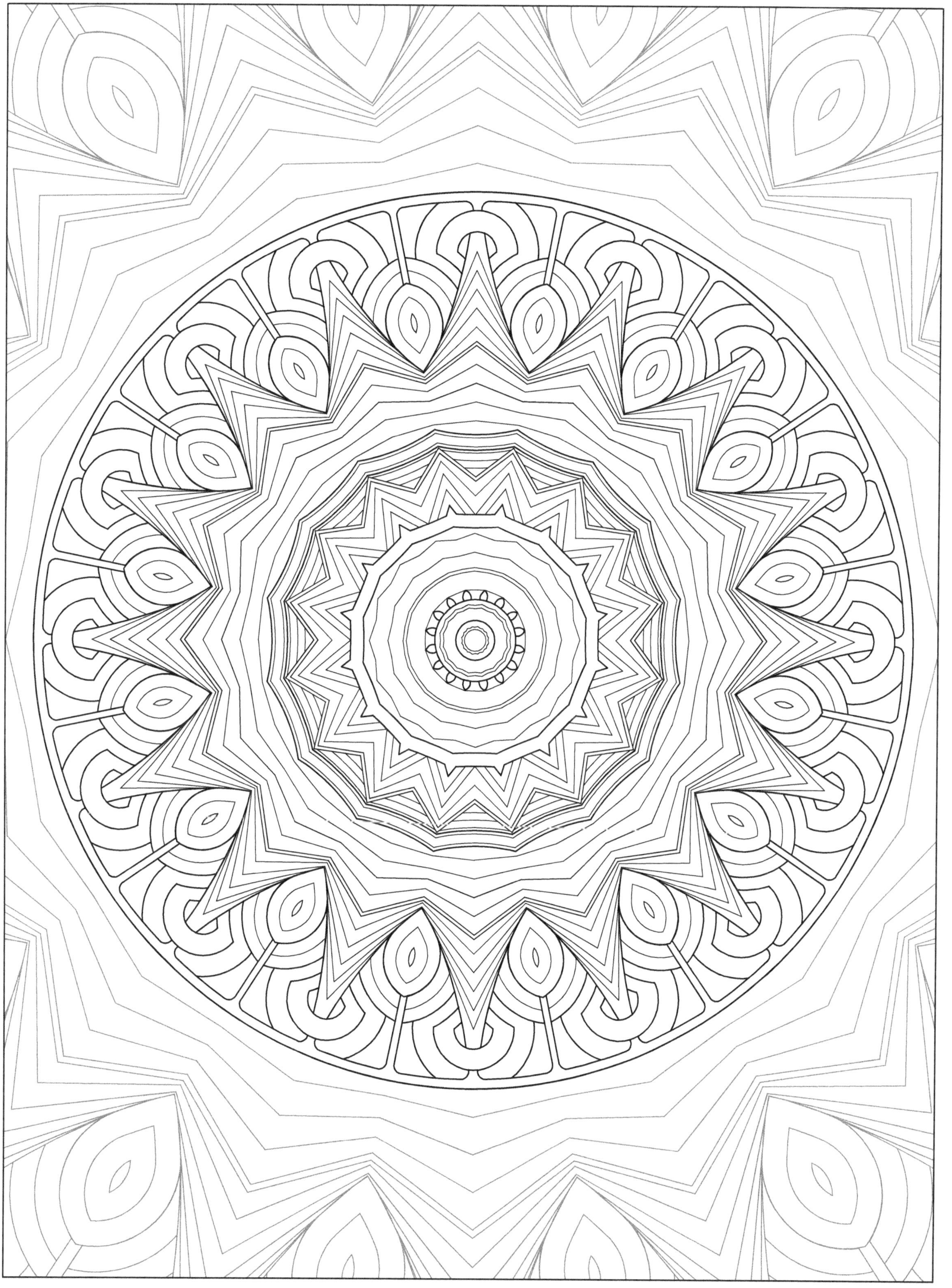

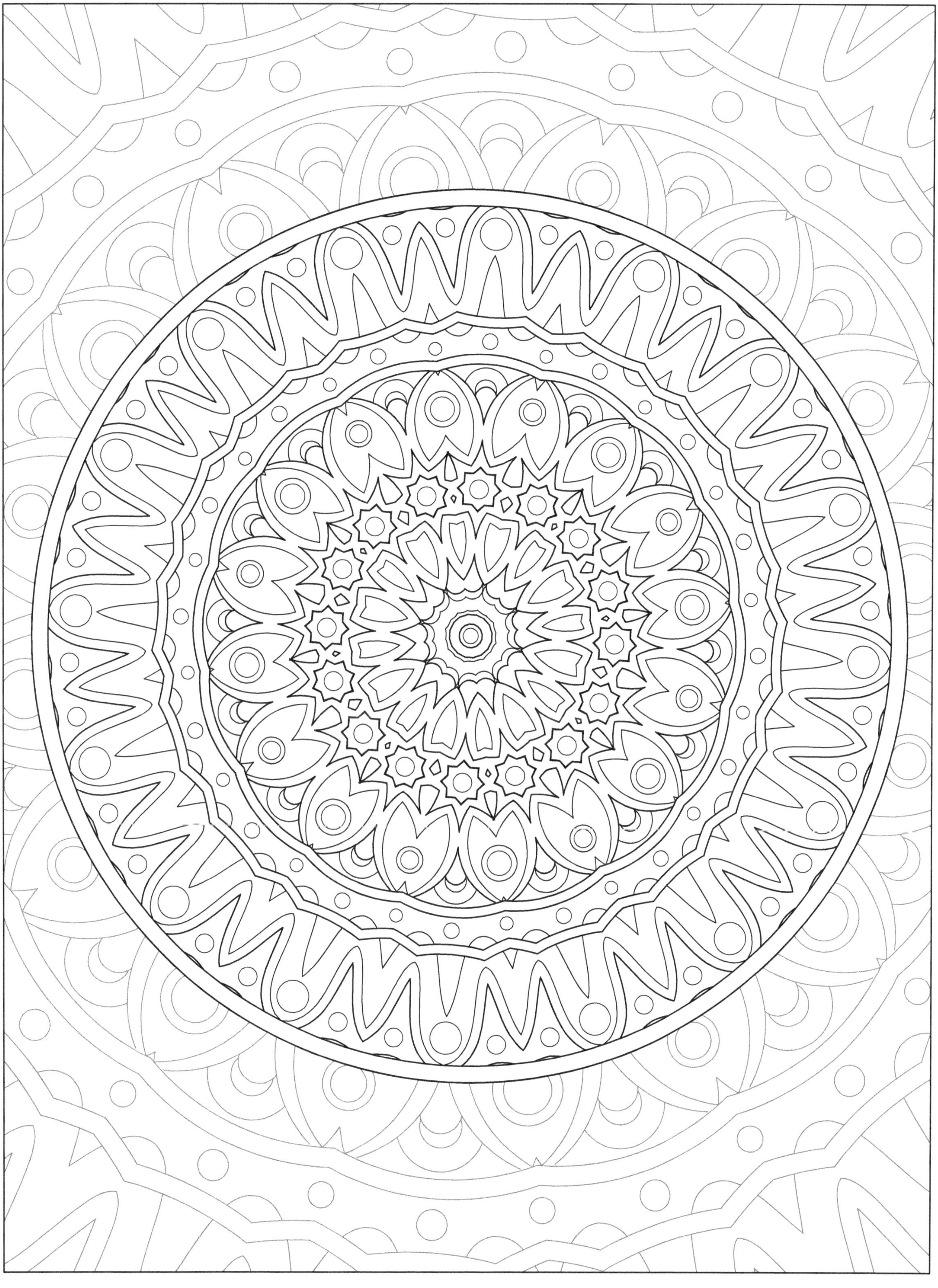

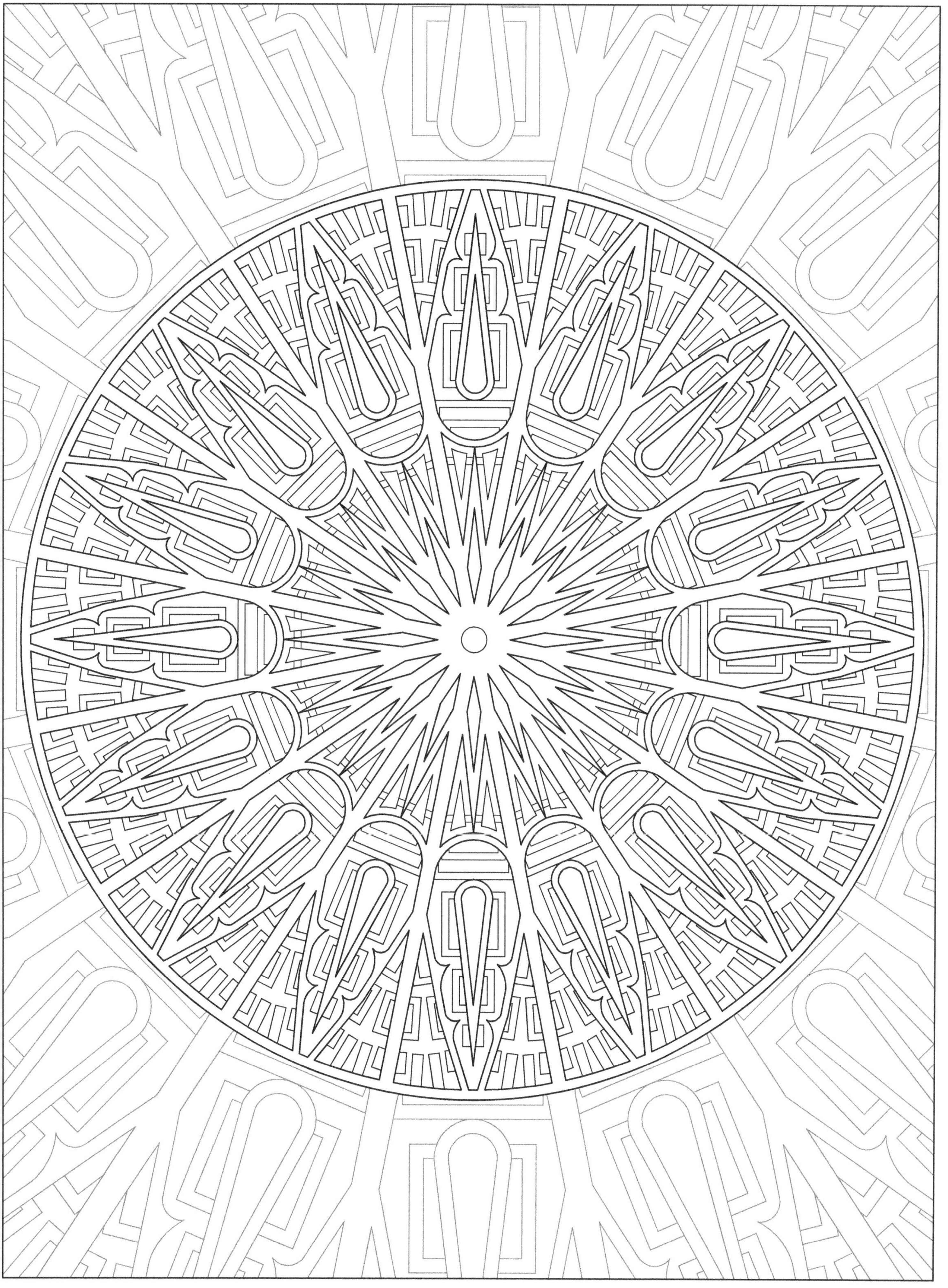

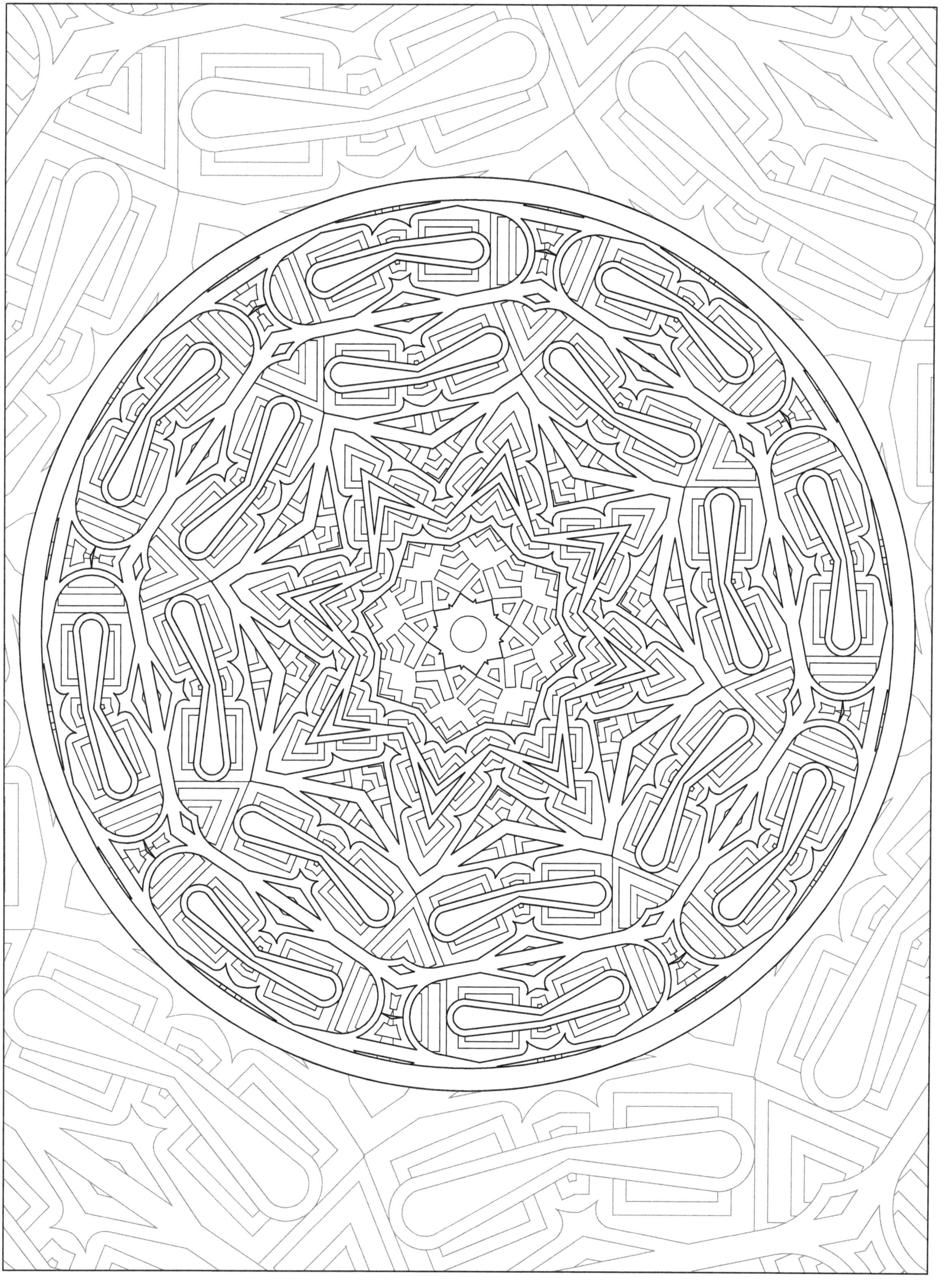

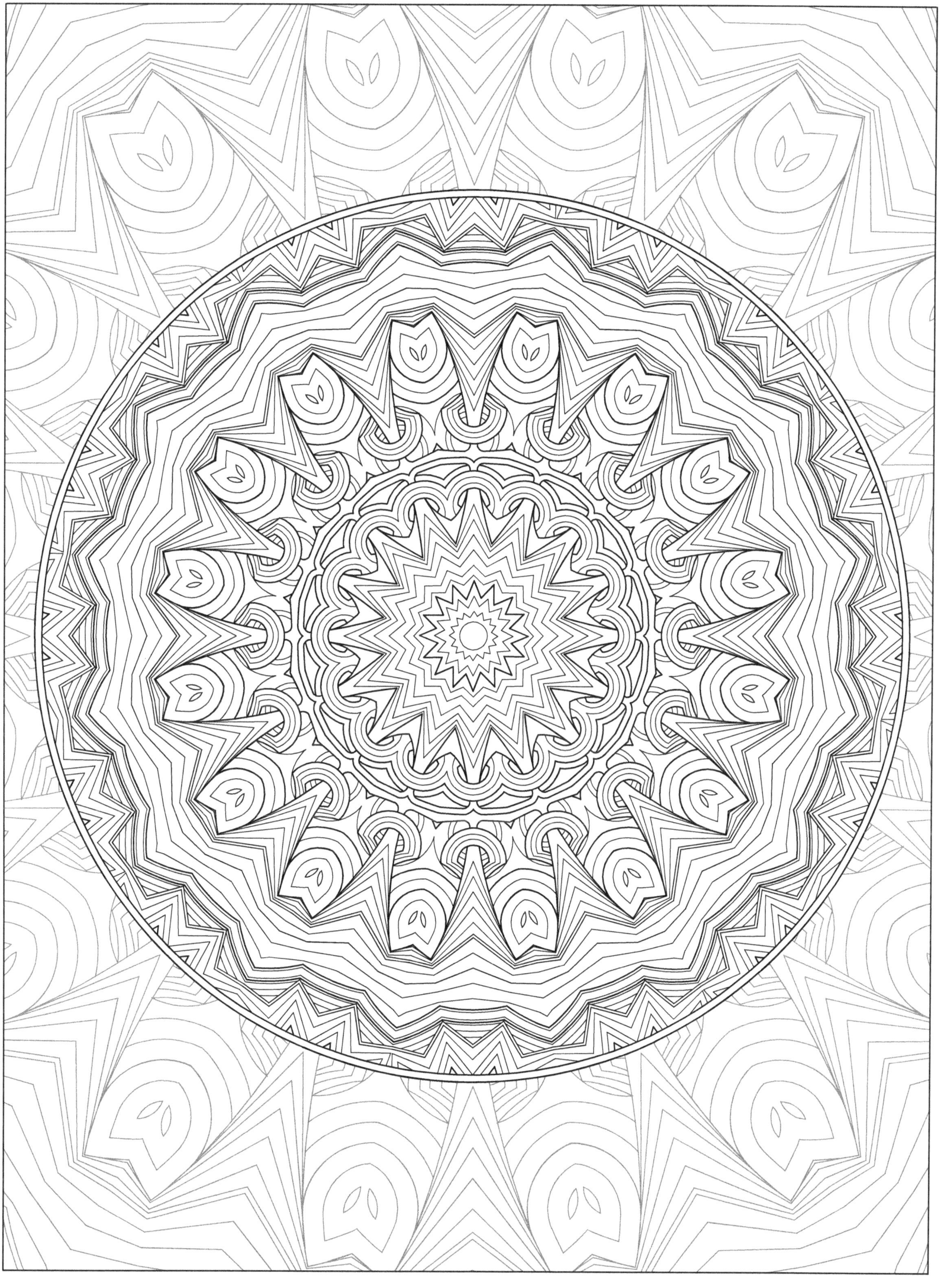

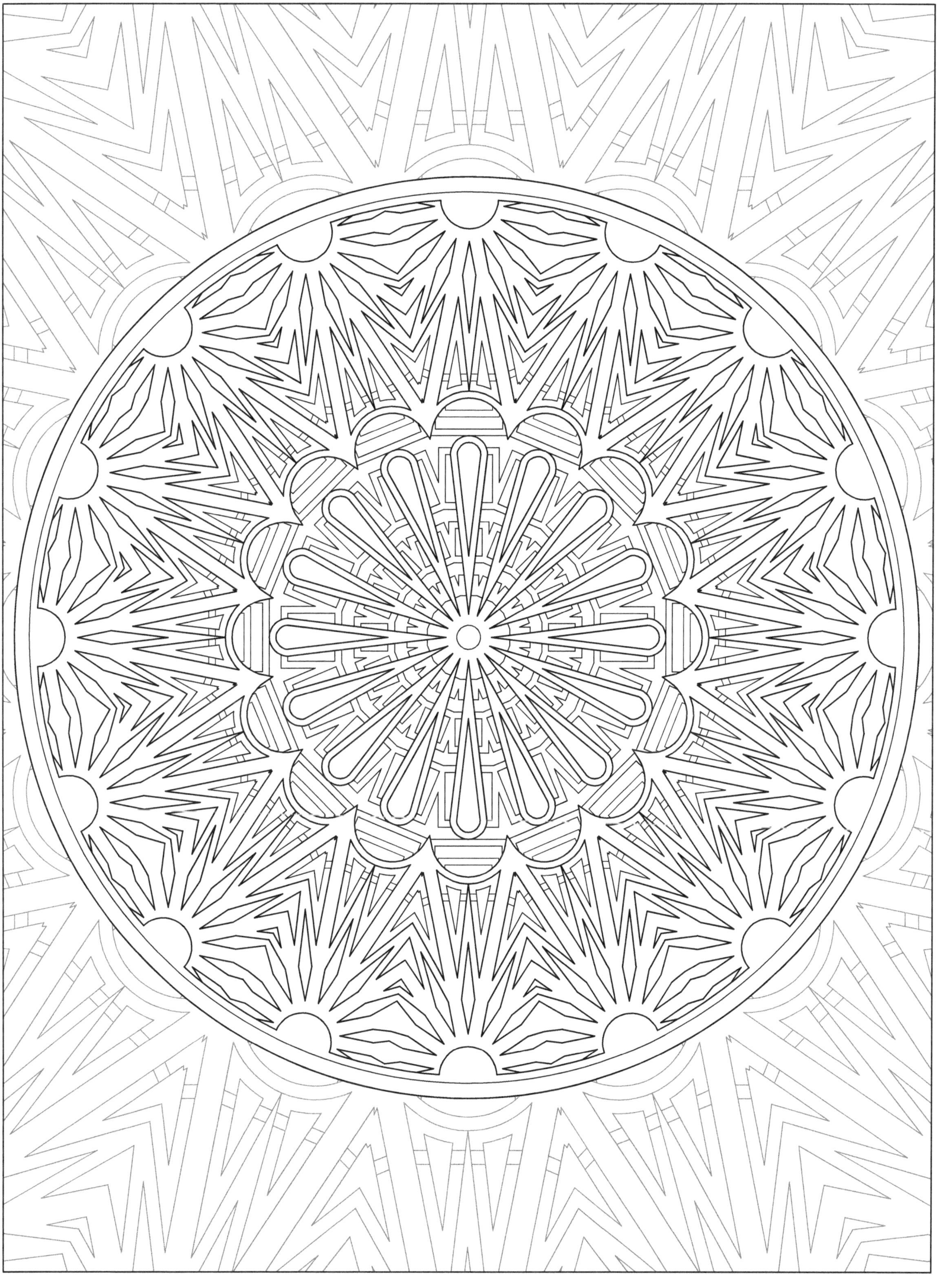

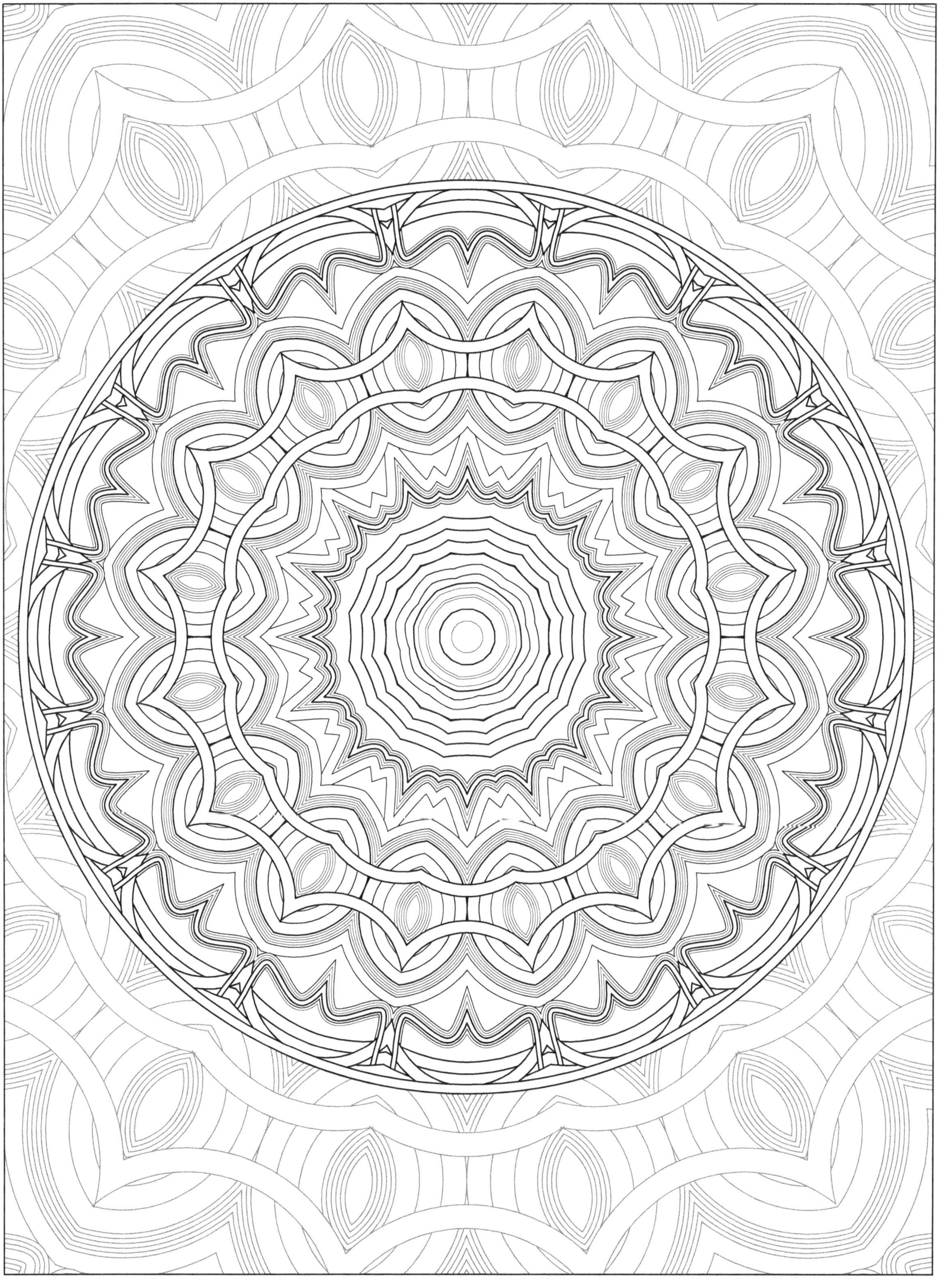

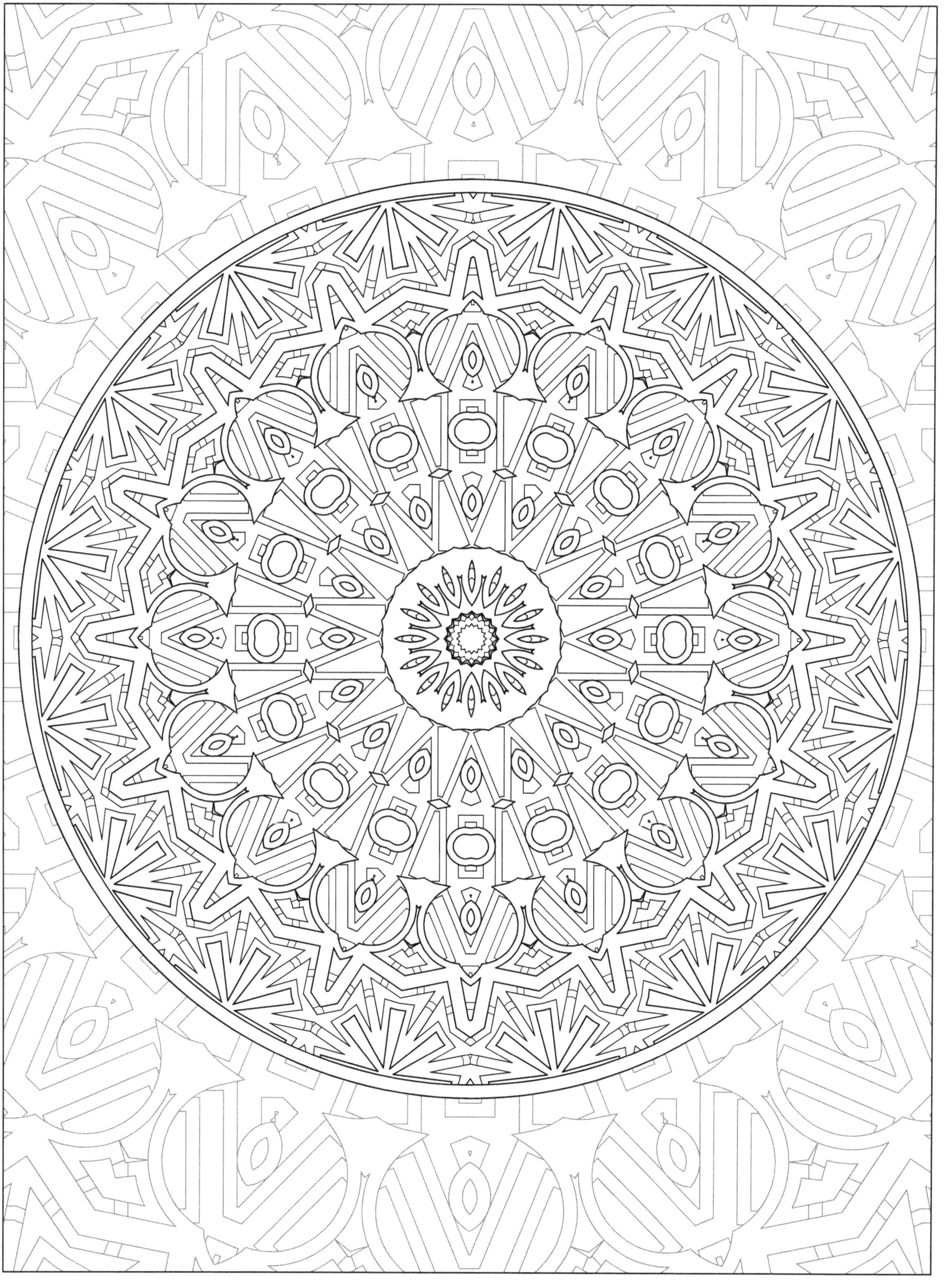

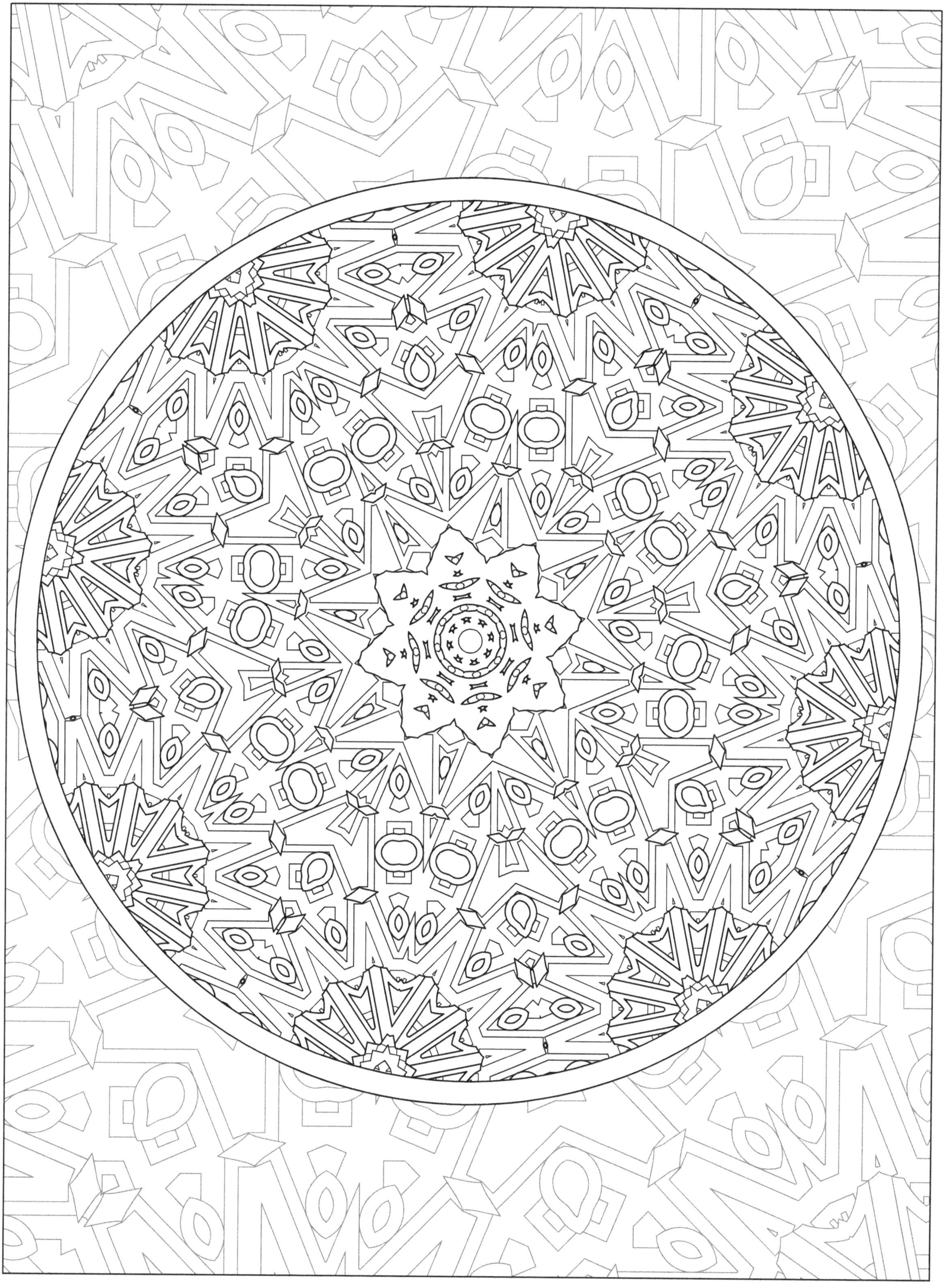

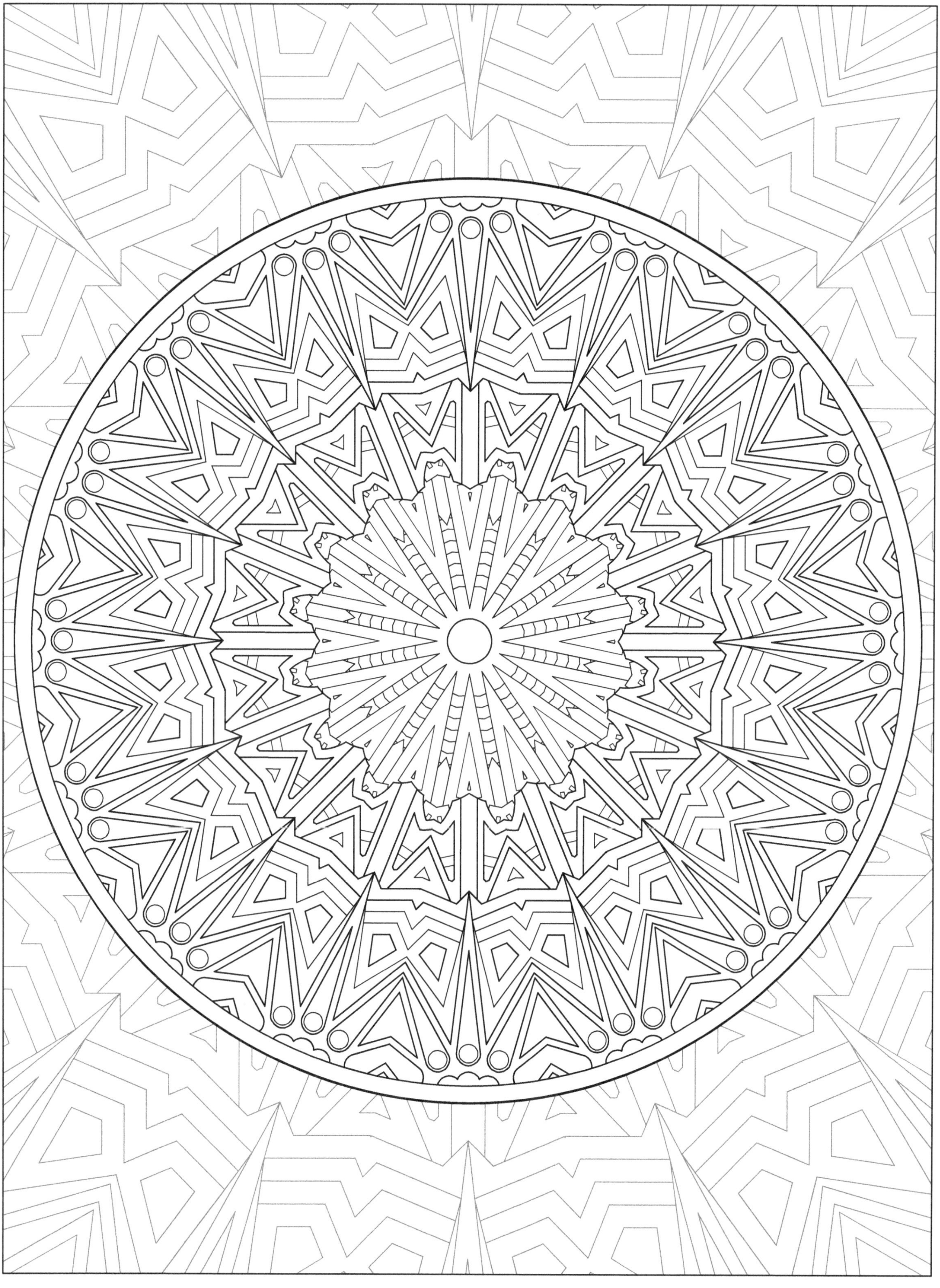

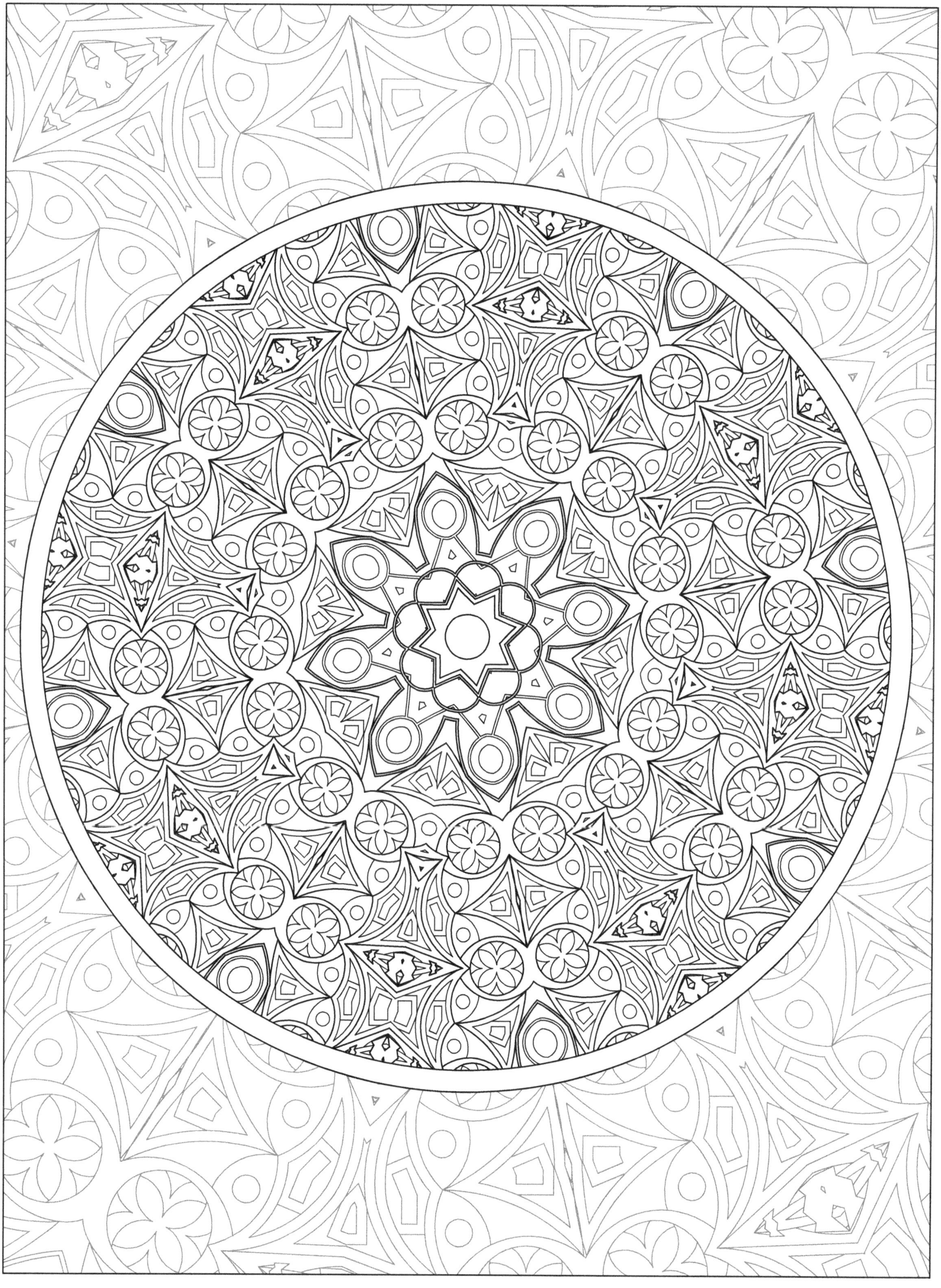

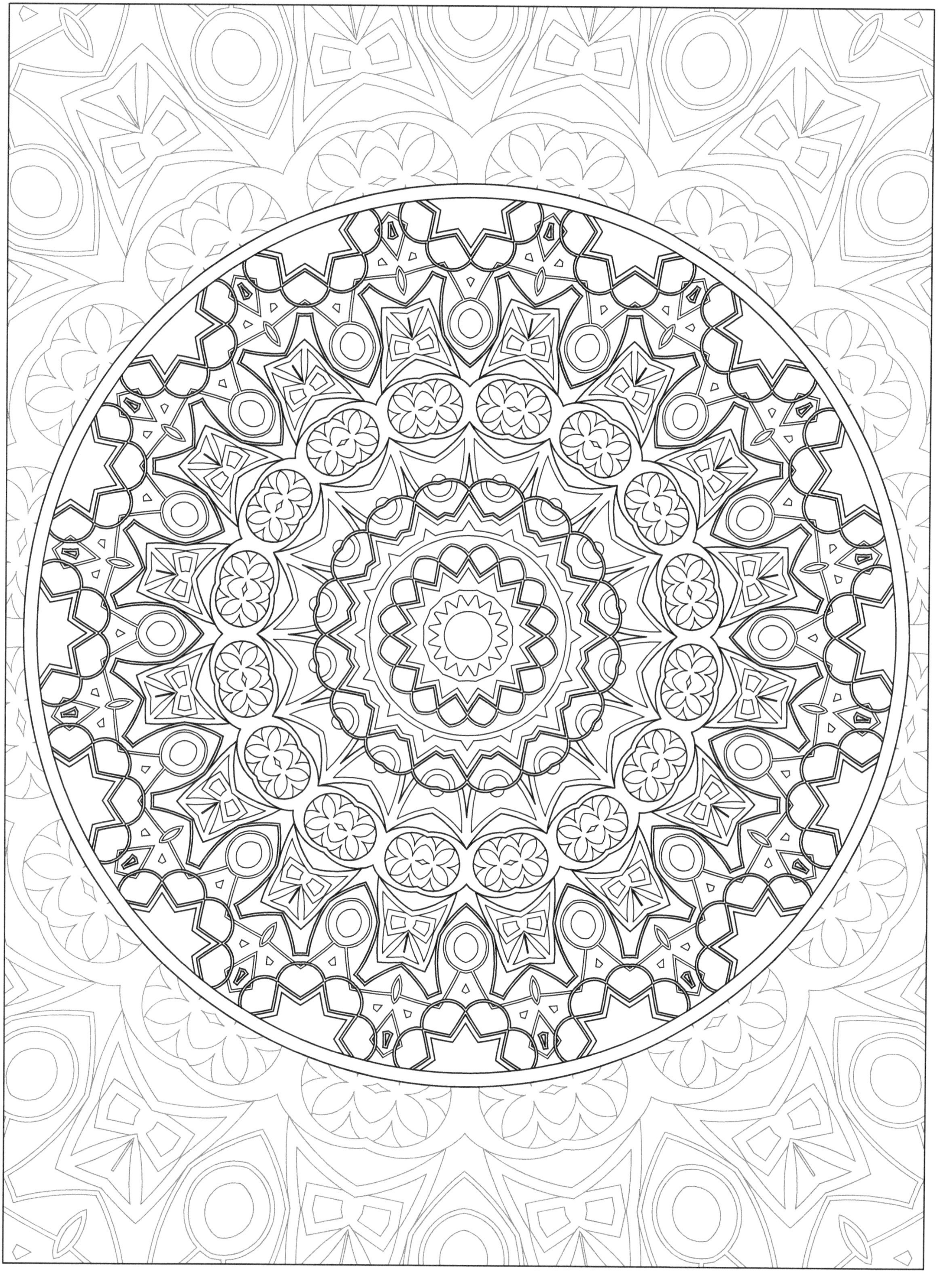

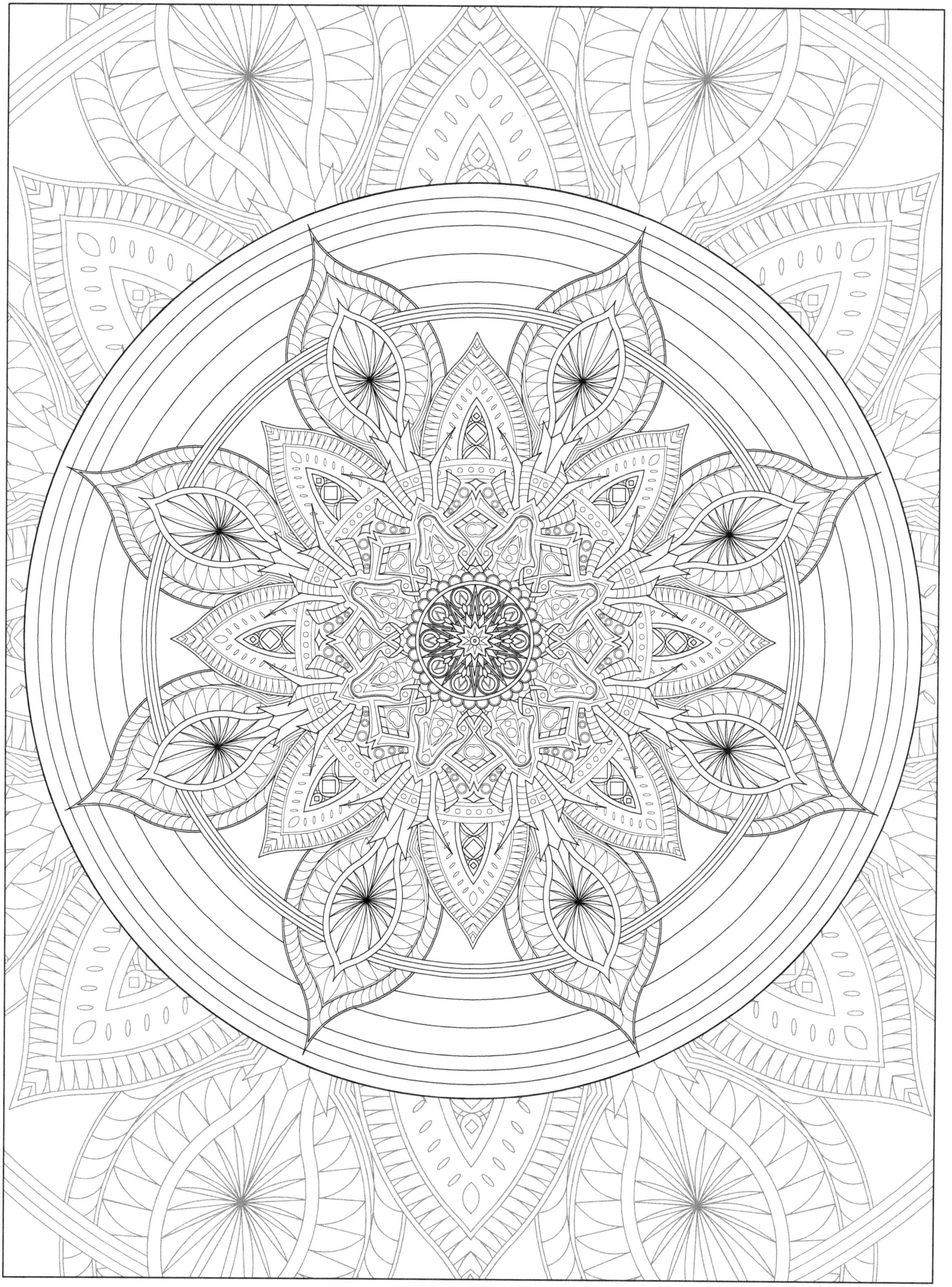

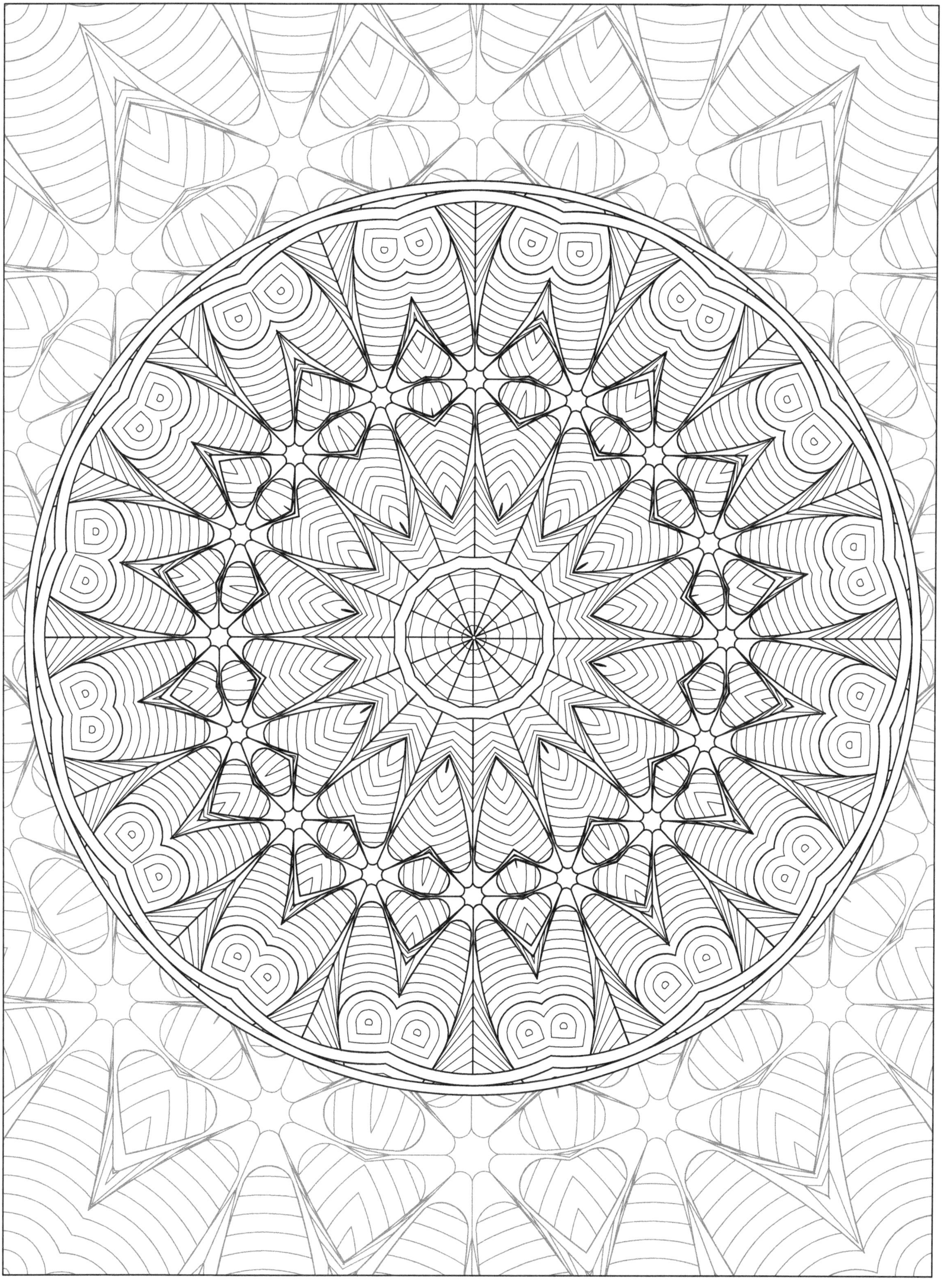

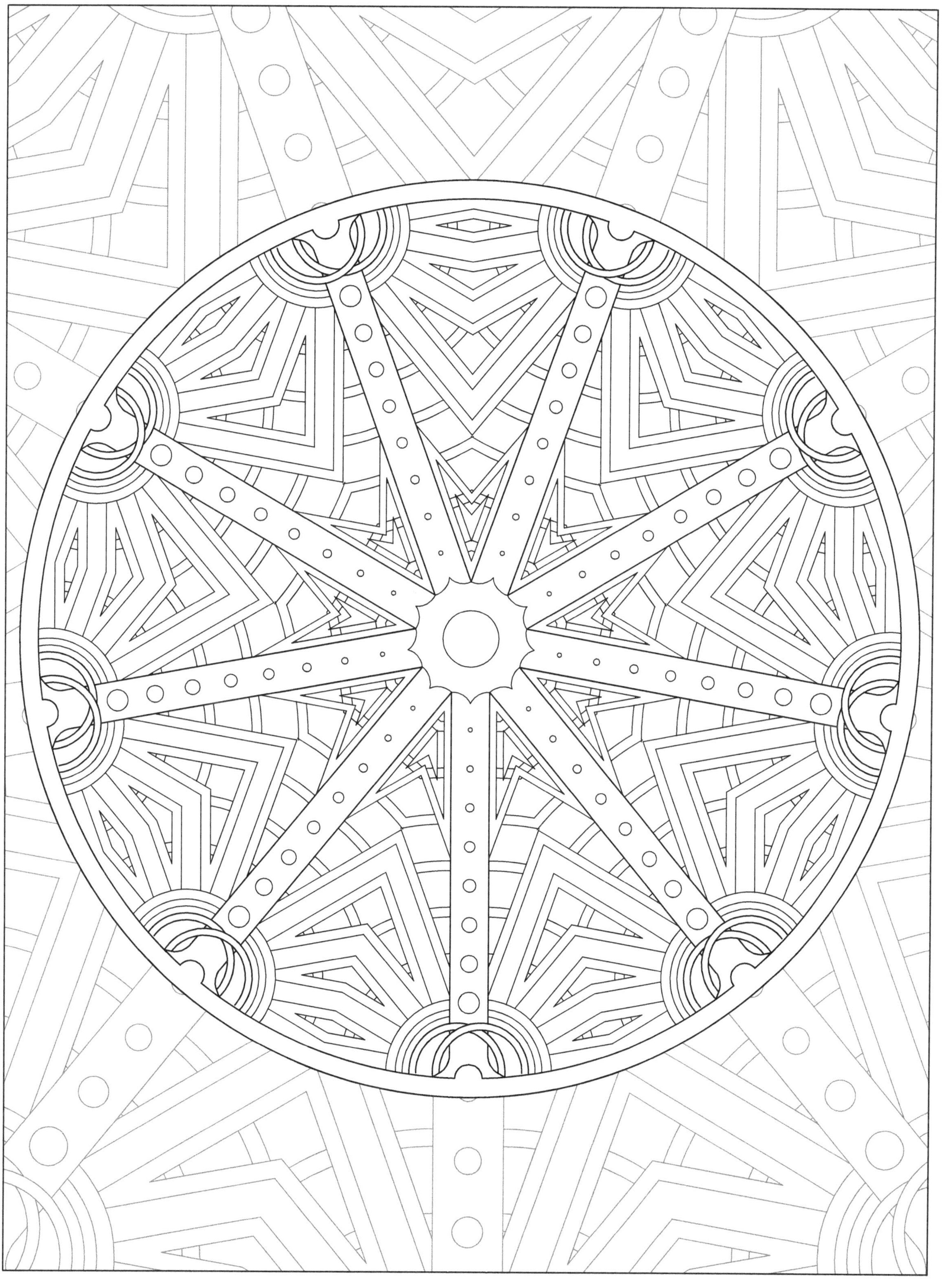

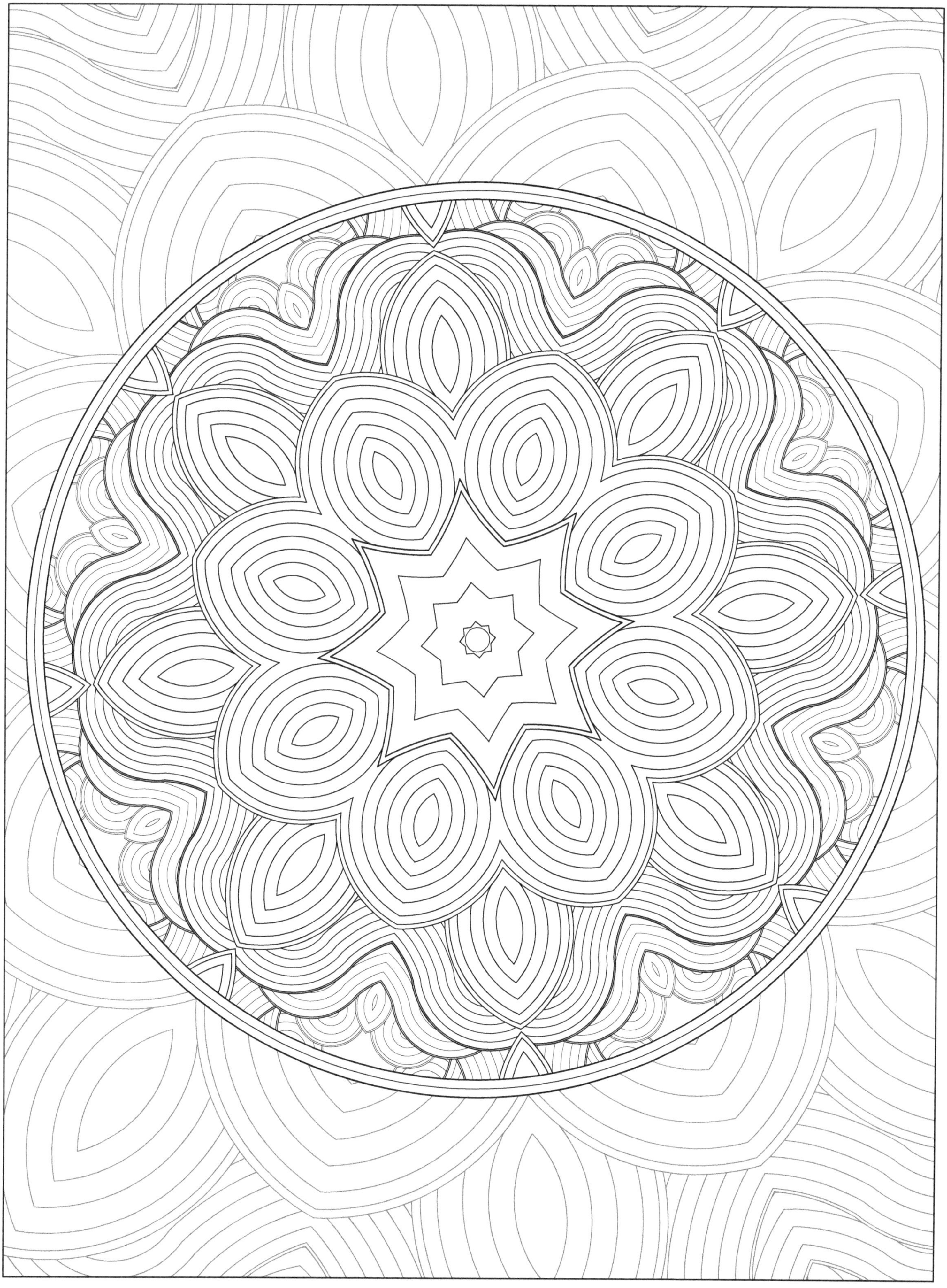

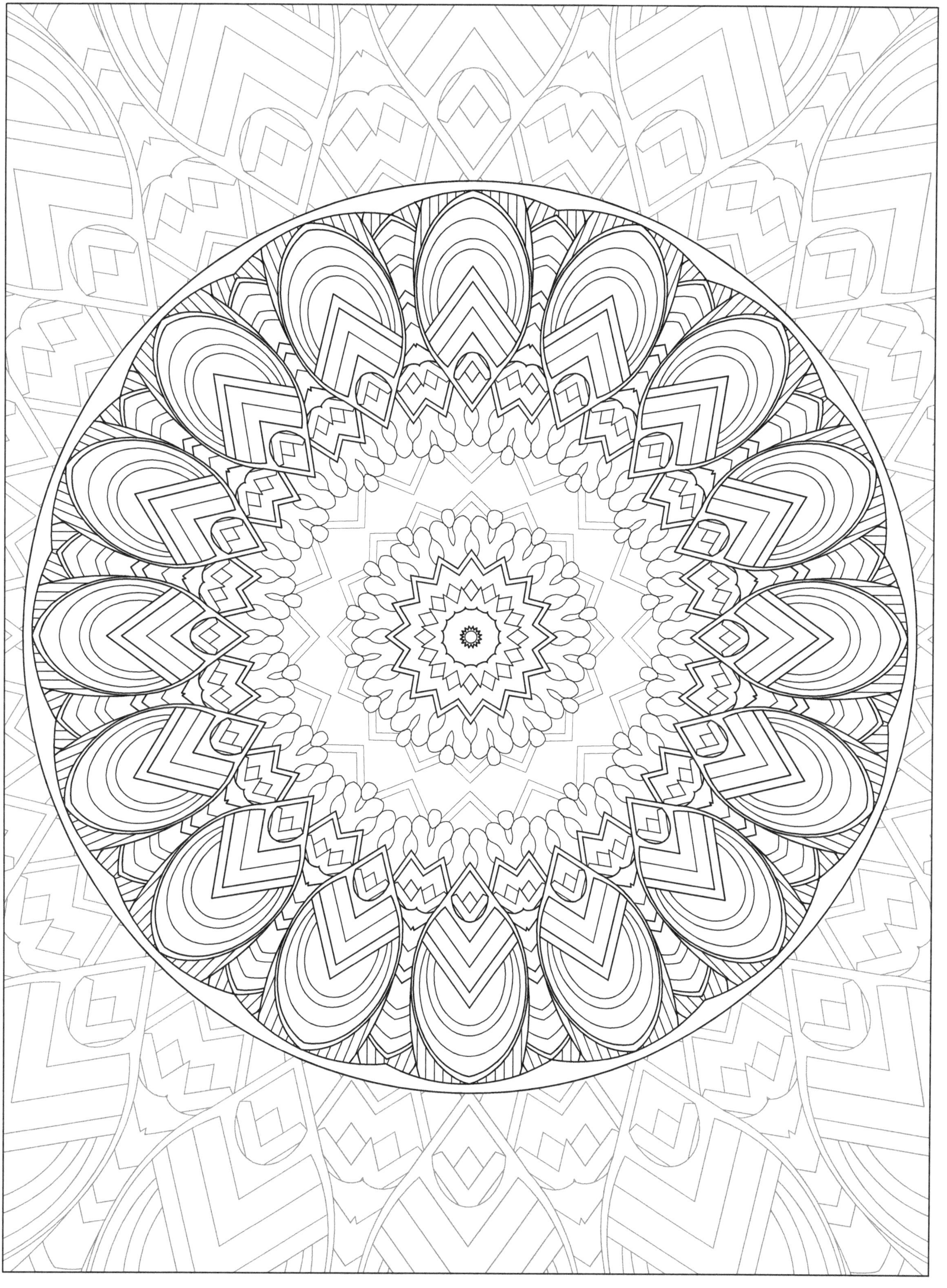

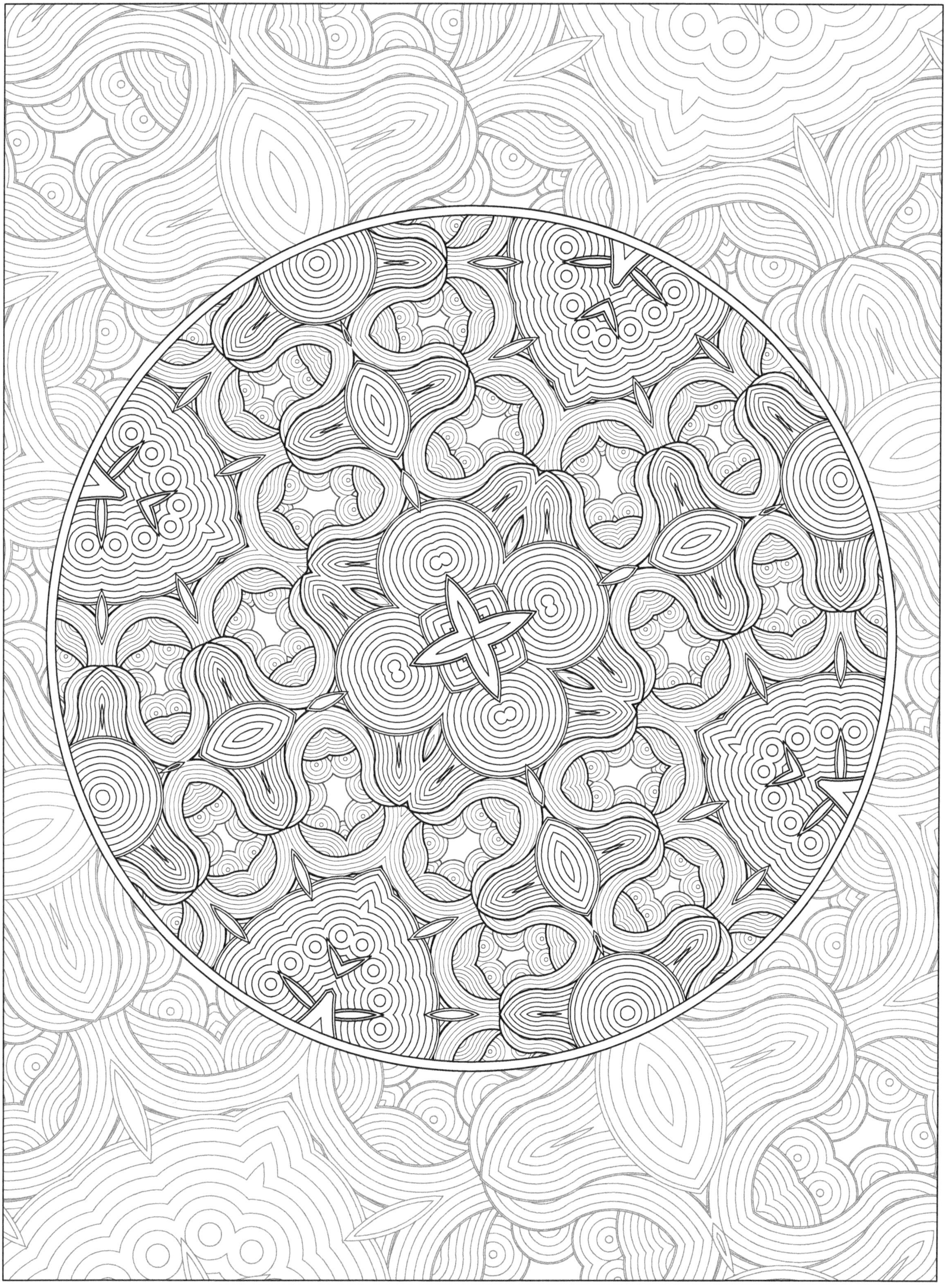

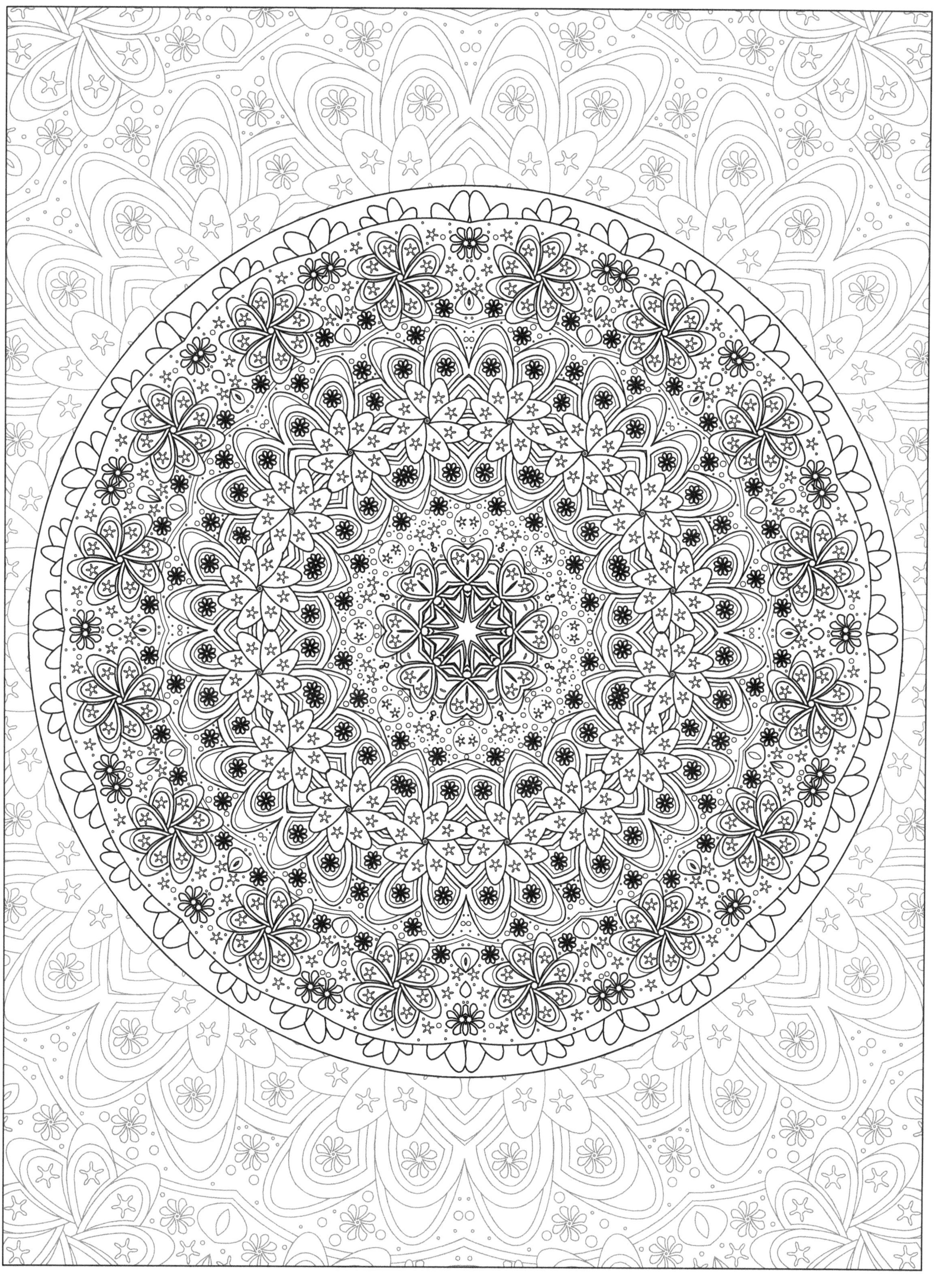

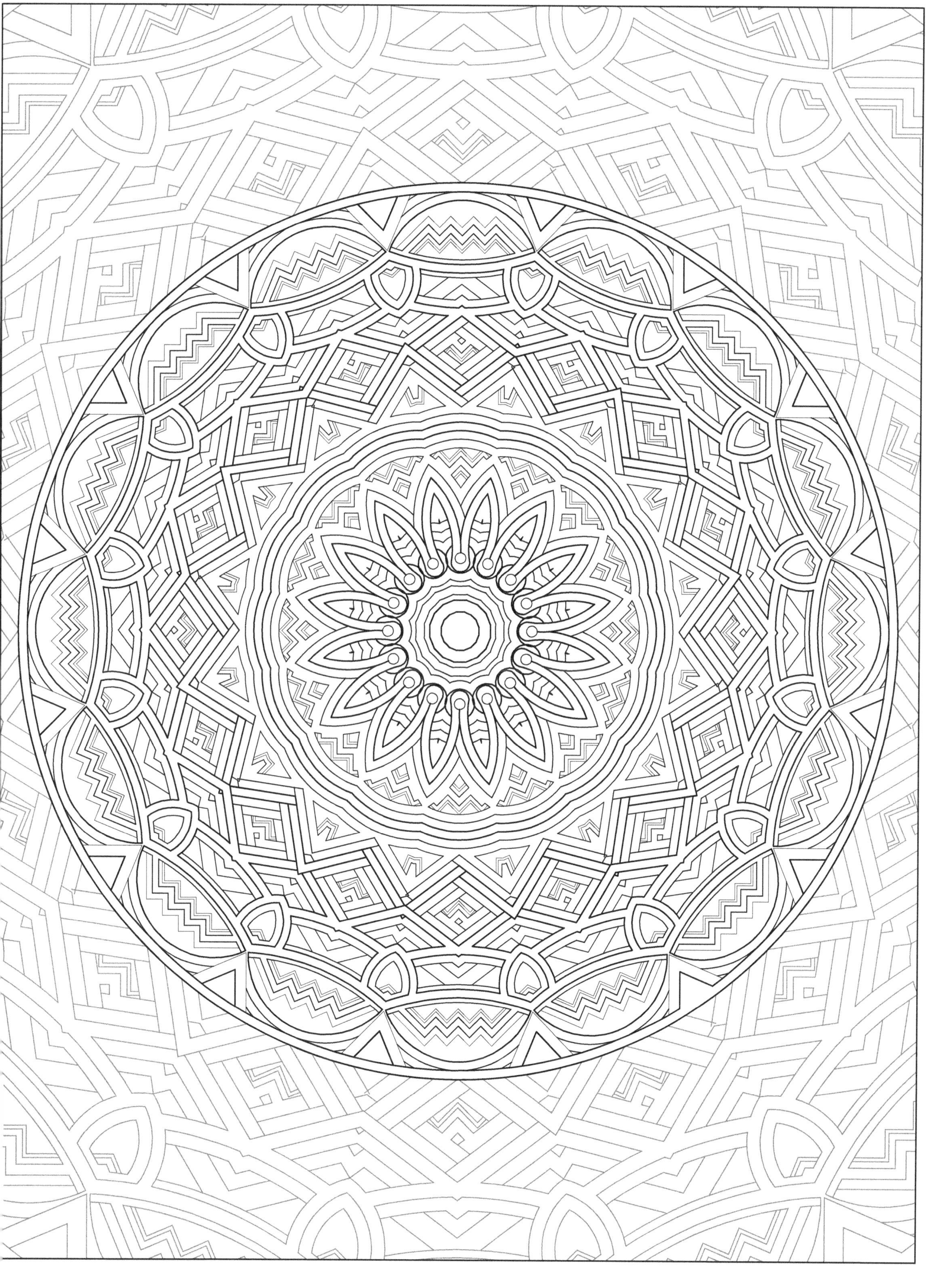

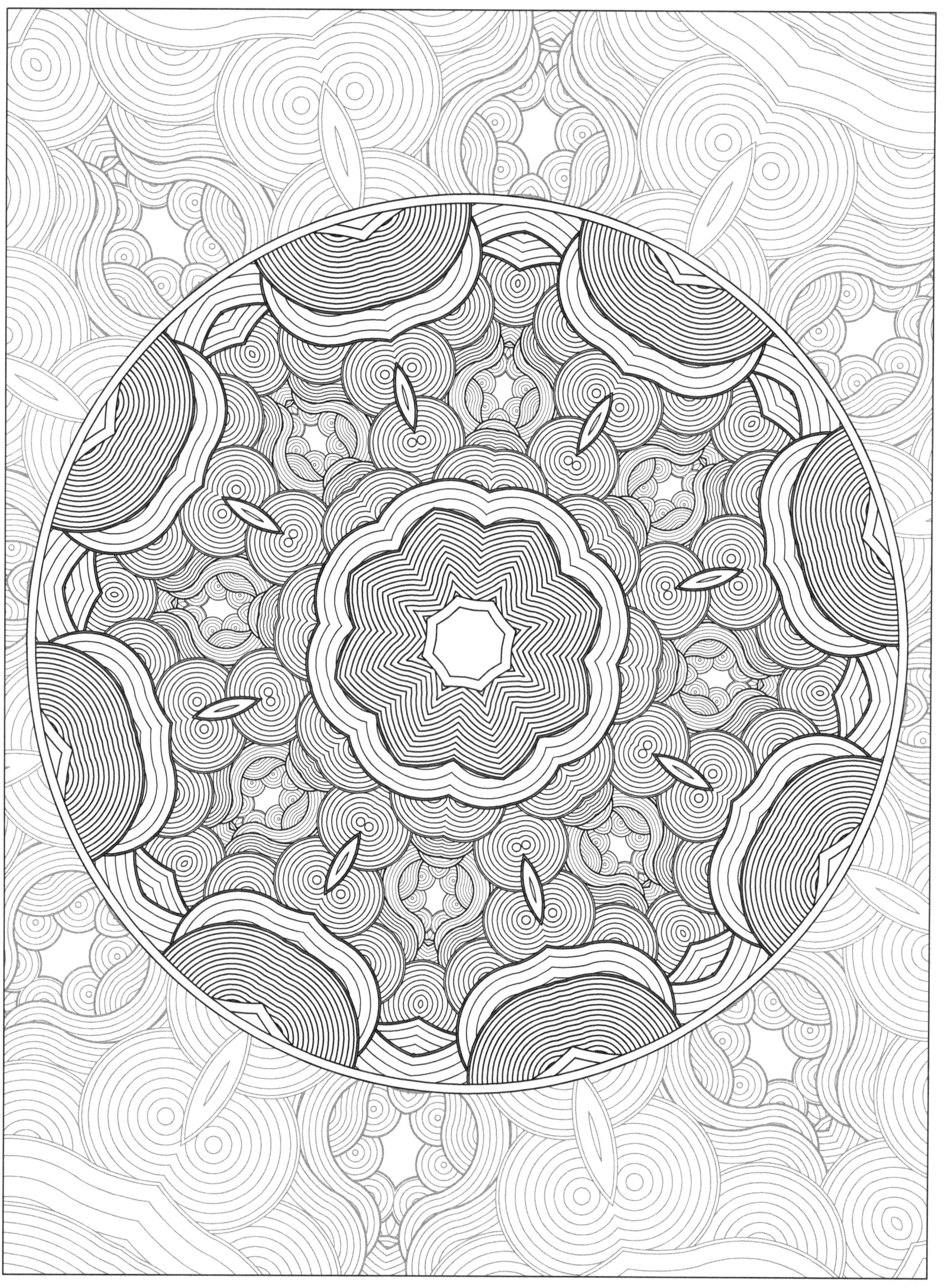

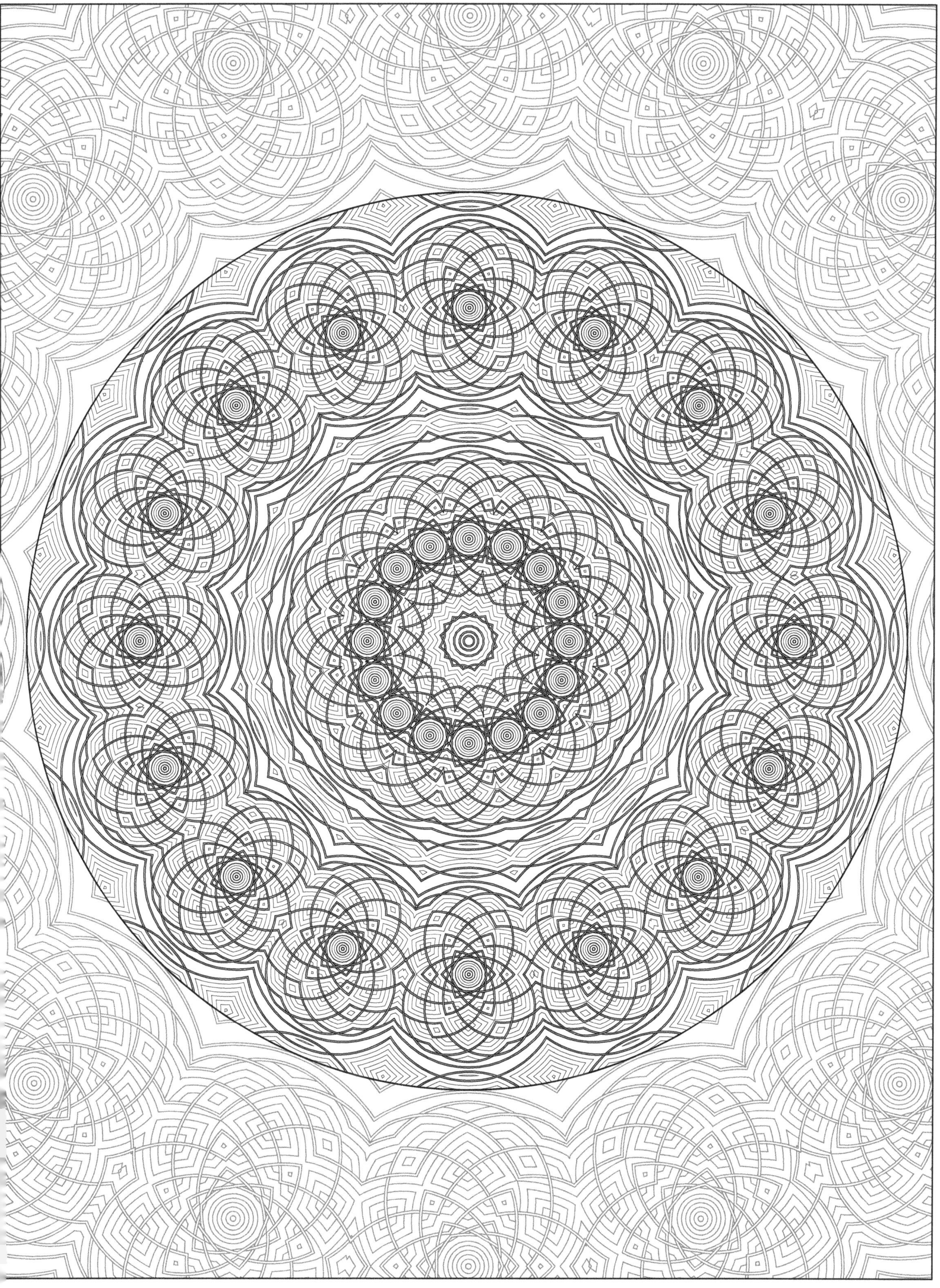

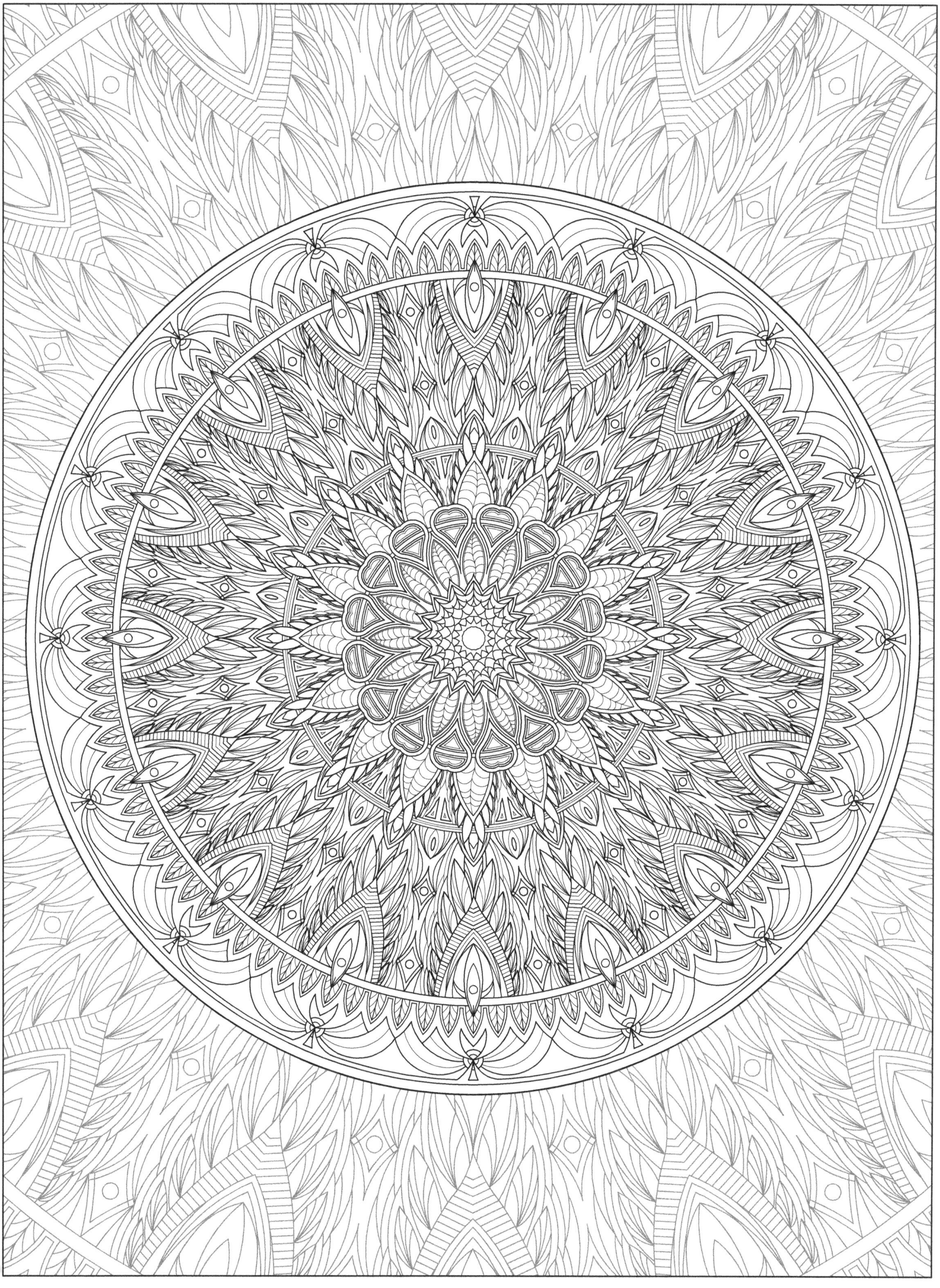

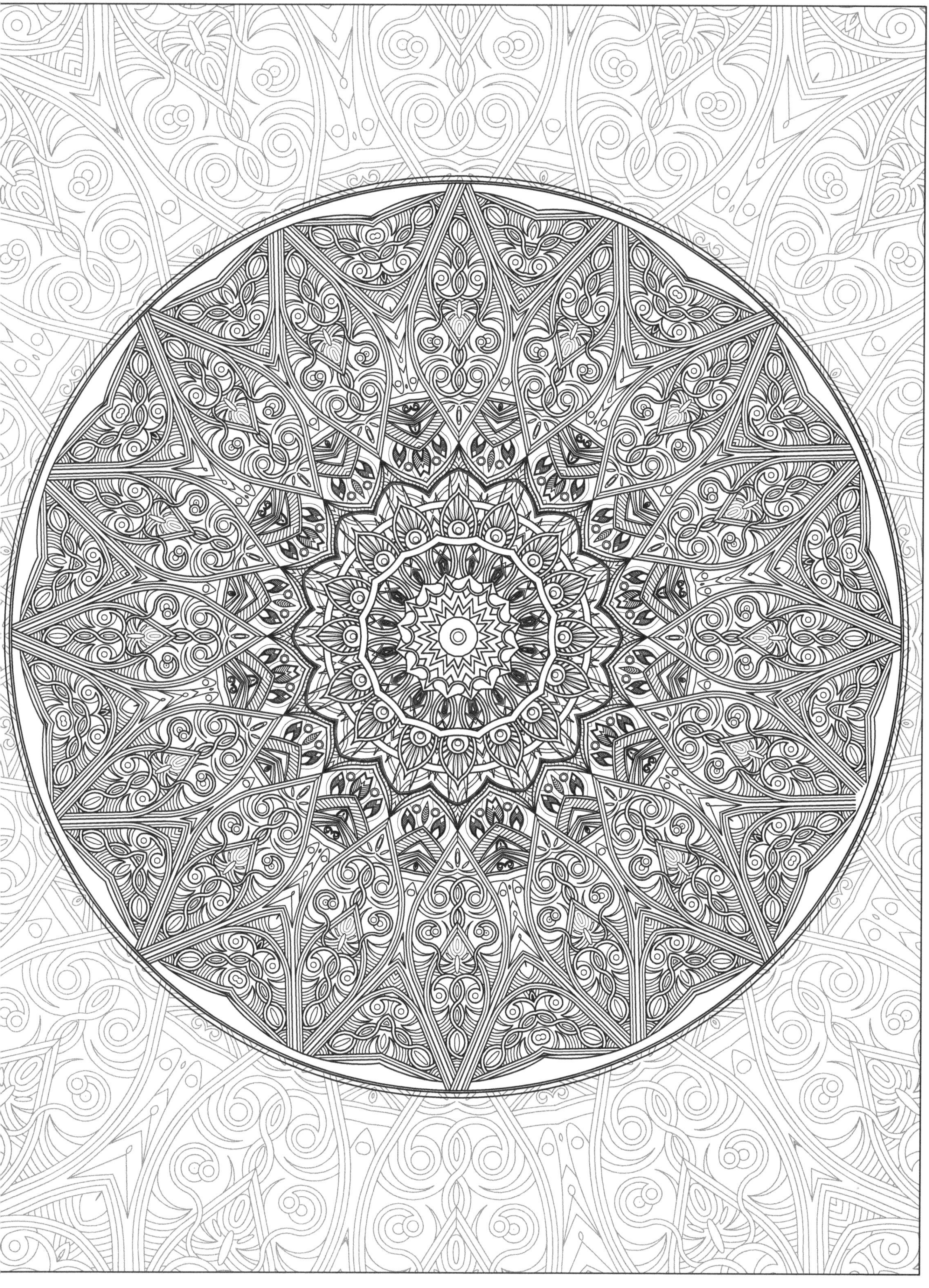

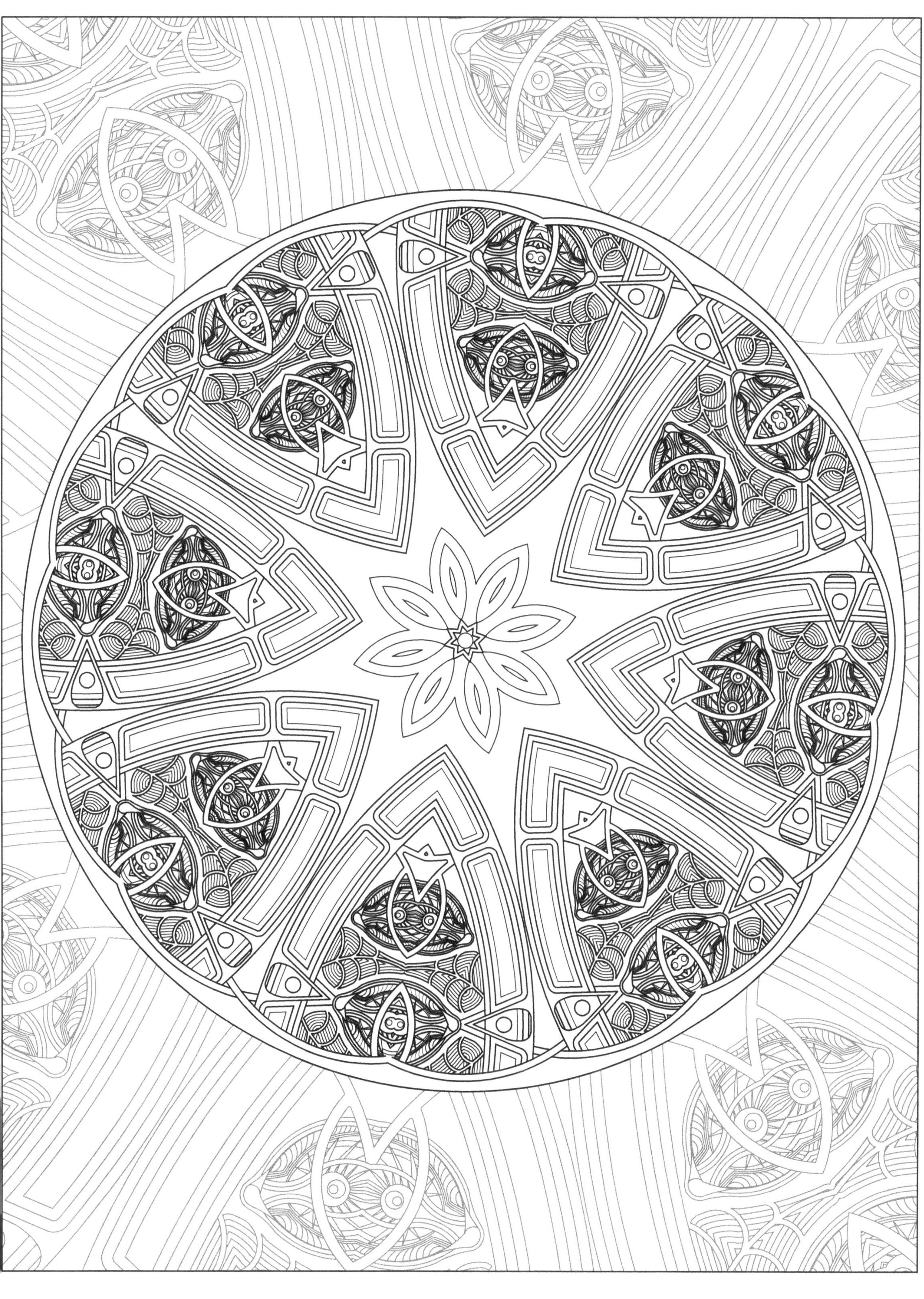

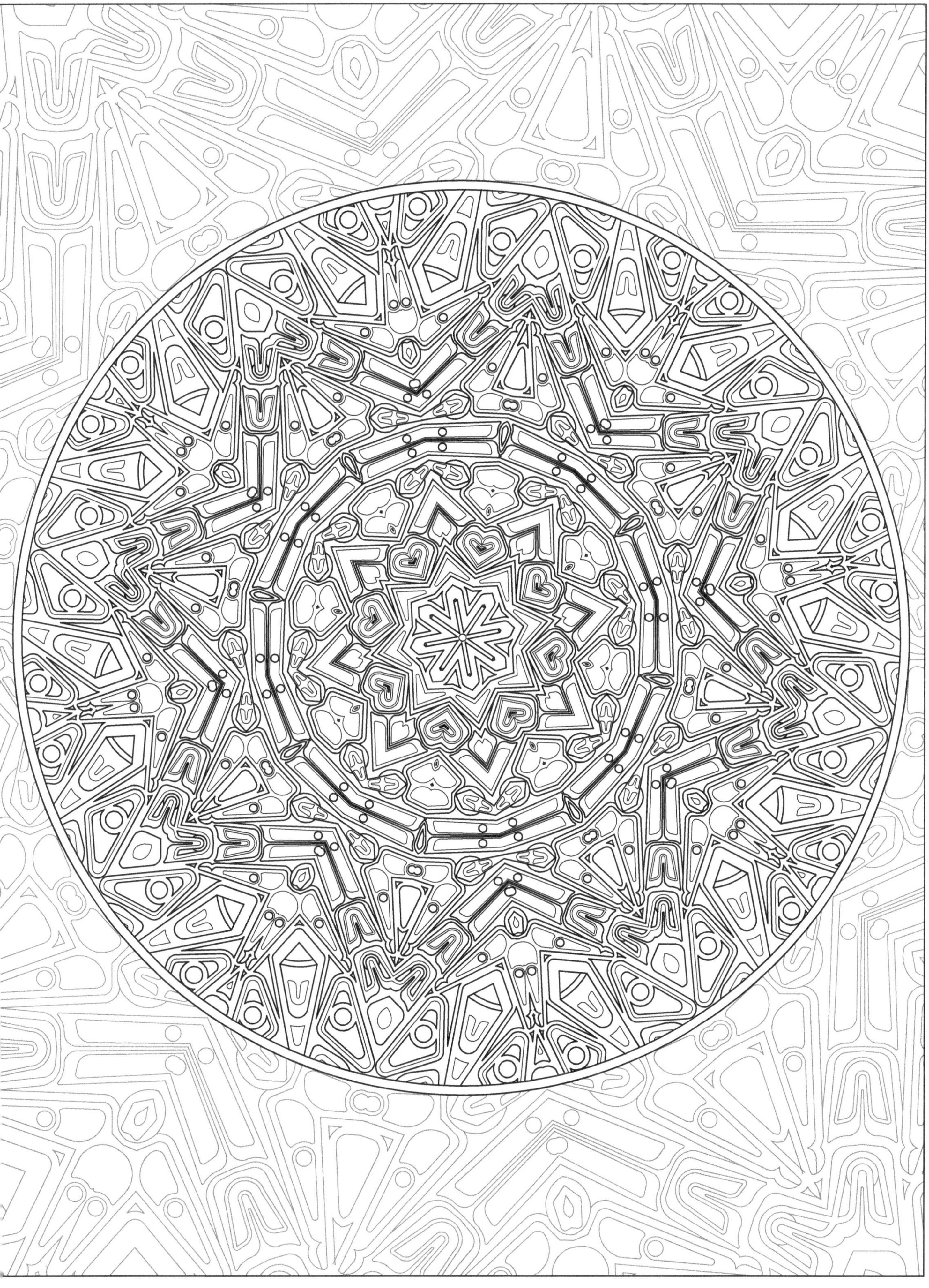

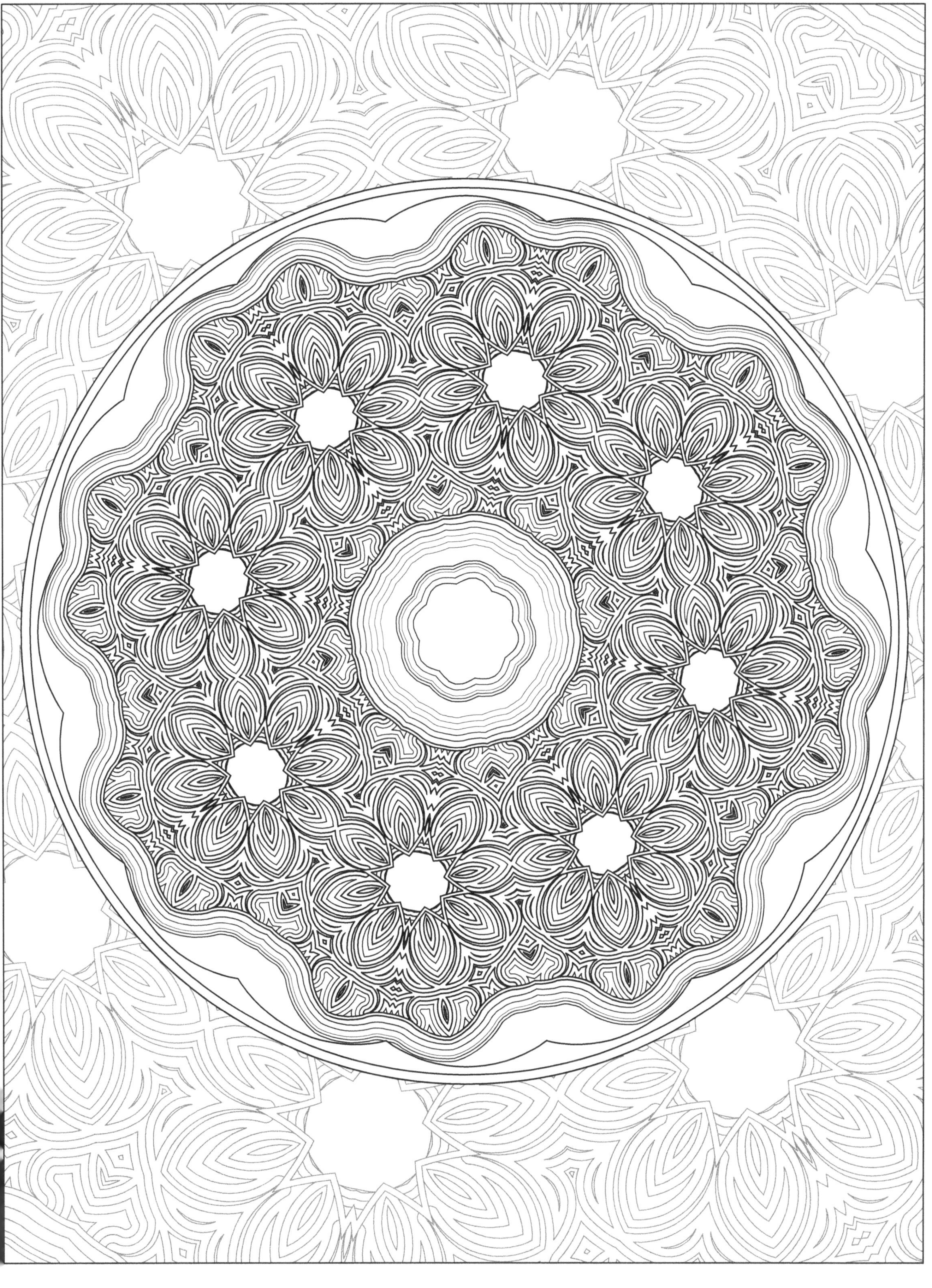

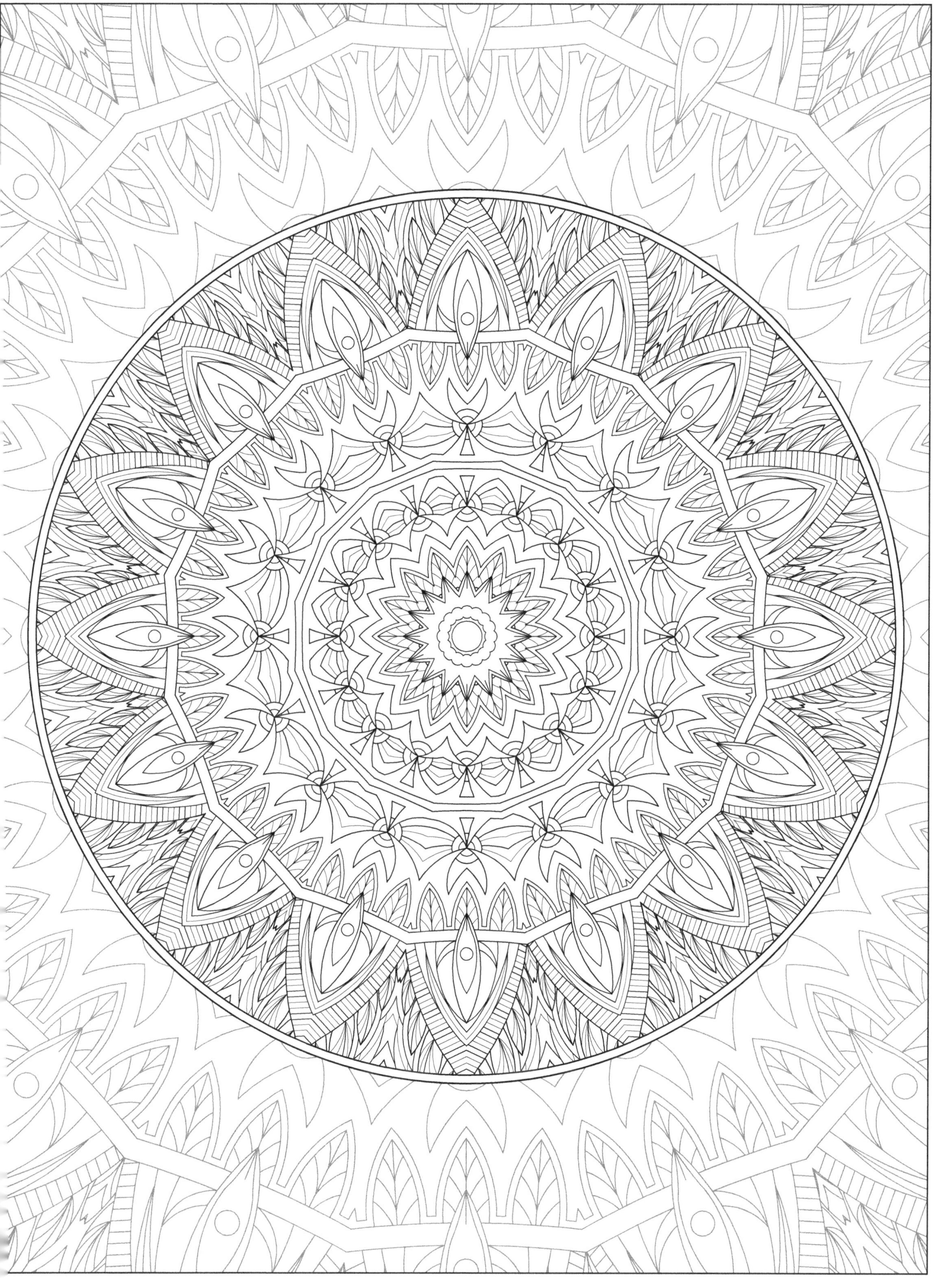

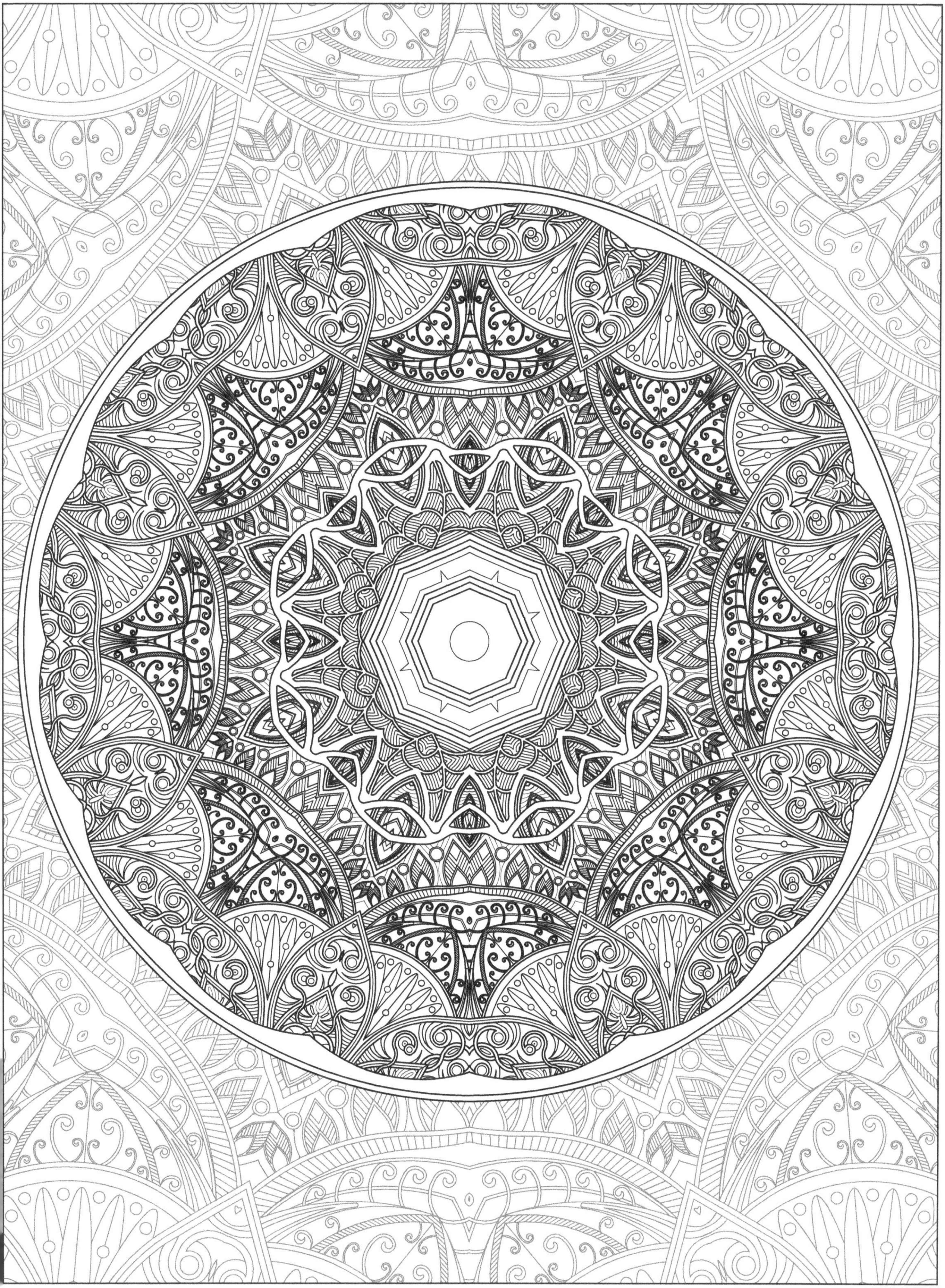

www.ingramcontent.com/pod-product-compliance
Lightning Source LLC
Chambersburg PA
CBHW081204180526
45170CB00006B/2202
* 9 7 8 1 5 4 0 7 3 1 1 5 9 *